그때
알았더라면
이렇게 살지
않았을 텐데

그때
알았더라면
이렇게 살지
않았을 텐데

초판 1쇄 발행 2021년 12월 8일

지은이 정남우

펴낸이 임병천
펴낸곳 책나무출판사
출판신고 2004년 4월 22일 (제318-00034)

주소 서울시 영등포구 신길3동 325-70 3F
전화 02-338-1228 **팩스** 0505-866-8254
홈페이지 www.booktree.info

ISBN 978-89-6339-679-8 03810

그때
알았더라면
이렇게 살지
않았을 텐데

조금이라도
일찍 알았으면
후회하지 않았을
하나님의 지혜를
당신에게…

글쓴이 **정남우**

책나무출판사

| 목차 |

| 머리말 |

오래전에 읽었지만 지금까지 생생하게 기억하는 이야기가 하나 있습니다.『새장을 벗어난 새의 이야기』에 나오는 귀엽고 예쁜 새, 트위트위에 관한 이야기입니다.

옛날에 한 왕자가 새 한 마리를 선물로 받았습니다. 왕자는 이 새의 아름다운 빛깔과 음색에 금세 매료되었고, '트위트위'라는 예쁜 이름도 지어주었습니다. 왕자는 화려한 황금빛 새장에 트위트위를 가두고, 매일같이 트위트위를 보러 왔습니다. 트위트위가 바라는 것은 화려한 황금 새장이 아니었습니다. 트위트위는 자기를 놓아달라고 왕자에게 애원했습니다. 하지만, 트위트위를 너무 좋아했던 왕자가 그 애원을 절대 들어줄 리 없었죠. 그러자 트위트위는 숲속에 사는 가족에게 자신의 안부라도 전해 달라며 또다시 애원했습니다. 별로 어렵지 않은 부탁이라고 생각한 왕자는 한걸음에 숲으로 가 가족들에게 트위트위의 소식을 전해주었습니다. 새장에 갇혀 지낸다는 소식에 놀란 것인지, 트위트위의 여동생이 별안간 땅으로 뚝 떨어졌습니다. 왕자는 여동생이 죽었다고 생각했고, 그길로 성으로 들어가 여동생의 비보를 트위트위에게 전해주었습니다. 그러자 트위트위도 여동생과 같은 모습으로 별안간 새장 바닥으로 뚝 떨어졌습니다. 트위트위가 여동생의 비보에 놀라 죽었다고 생각한 왕자는 트위트위를 새장에서 꺼내 창문에 고이 두었습니다. 그 순간 갑자기 살아난 트위트위는 힘차게 날아, 나뭇가지에 앉아 이렇게 말했습니다.

"왕자님께서 나쁜 소식이라고 전해준 소식이 제게는 희소식이었어요. 죽은 척을 하면, 새장에서 벗어날 수 있다는 것을 깨닫게 해 주었으니까요."

하나의 작은 깨달음은 이처럼 갇힌 삶을 자유롭게 하는 힘이 있습니다. 우리는 어떨까요? 우리 역시 깨달음이 없다면 평생을 답답한 새장 속에 갇혀 사는 것과 같을지 모릅니다. 그러다 어느 날 문득 이런 생각이 회한처럼 떠오를 때가 있죠.

"왜 그때는 몰랐을까. 그때 알았더라면 이렇게 살지 않았을 텐데…"

우리는 많은 것을 안다고 생각하지만, 매번 또 새로운 것을 깨닫는 자신을 발견하곤 합니다. 물론 세상의 모든 지식, 지혜를 다 알 수는 없겠죠. 다만, 조금 더 일찍 알았더라면 더 나은 삶을 살았을 것이라는 후회는 없어야 하지 않을까요?

후회 없는 삶에는 많은 깨달음이 필요한 것이 아닙니다. 방금 말한 트위트위의 이야기처럼, 때로는 딱 한 가지의 깨달음만으로도 정말 많은 것을 바꾸기도 하니까요. 어쩌면 이 책에 쓰여 있는 평범한 이야기들이 나에게 딱 맞는 그 한 가지일 수도 있고요.

세상의 빛나는 영감들은 대부분 평범함 속에서 나왔습니다. 뉴턴은 평범한 사과나무 밑에서 만유인력의 법칙을 발견했고 아르키메데스는 평범한 목욕탕 속에서 '유레카'를 외치며 뛰쳐나왔습니다. 이 책에 쓴 지극히 평범한 이야기들, 아니 어쩌면 그보다 더 모자랄지도 모르는 이 글들이 당신에게 즐거움이 되고, 중력이 되고, 유레카가 되기를 간절히 바랍니다.

이 책을 쓰게 된 것은 그동안 내가 읽고 깨달은 것들을 나누고픈 소박한 바람과 우리 가족의 격려와 열렬한 응원 때문이었습니다. 누구를 가르치기 위함이 절대 아니죠. 하나님께 먼저 영광 돌려드리며 졸저가 나올 수 있도록 믿어주고 격려해 주고 기도해 준 모든 분께 깊이 감사합니다.

늘 은혜 속에 평강하시기를!

두 할머니 만세

혹시 무엇인가를 해보려는데 이미 늦었다고 생각하는 사람이 있습니까? 여기 두 할머니 얘기를 들어보면 어떨까요? 미국에 애나 메리 로버트슨 모지스란 할머니가 있었습니다. 모지스 할머니는 『인생에서 너무 늦은 때란 없습니다』라는 책의 저자입니다. 그녀의 이력을 간단히 말하자면 그녀는 76세에 미술을 시작하여 80세에 개인전을 열었고 101세로 세상을 떠날 때까지 1,600여 점의 미술 작품을 남겼습니다. 그녀의 나이 88세에 '올해의 젊은 여성'으로 뽑혔고 93세(1953년)에는 〈타임〉지 표지 모델로 선정되었습니다. 그녀의 100번째 생일은 '모지스 할머니의 날'로 지정되었고 존 F. 케네디 대통령은 그녀를 '미국인의 삶에서 사랑받는 인물'이라고 했습니다. 감탄이 절로 나올 만한 업적이요 명예가 아니겠습니까? 그런데 이 놀라운 일이 그녀 나이 76세부터 시작되었다고 하니 상상 그 이상입니다. 정말 노익장 만세죠. 모지스 할머니는 그의 책에서 이미 늦다고 생각하는 사람들에게 이런 조언을 했습니다.

"나는 어릴 때 늘 그림을 그리고 싶었지만 76살이 되어서야 시작할 수 있었어요. 좋아하는 일을 천천히 하세요. 때론 삶이 재촉하더라도 서두르지 마세요."

좋아하는 일이 있다면 천천히라도 시작해 보라는 것입니다. 그녀는 어릴 때부터 그림을 좋아했지만 기회가 없었습니다. 힘들고 바쁜 생활에 치여 자신이 좋아하는 것은 뒤로 밀어 두어야 했죠. 그녀의 나이 76살이 되어서야 정말로 자신이 좋아하는 것을 돌아볼 기회가 생겼고 그녀의 말대로 좋아했던 그림을 천천히 그리기 시작했습니다. 그녀의 그림은 그릴수록 점점 좋아졌고 어느새 그 숫자도 늘어났죠. 그렇게 모아진 그림 작품들이 세상에 나왔고 사람들을 깜짝 놀라게 했습니다. 남들이 아예 늦었다고 생각할 나이에 그런 일들을 했으니 그 놀라움은 배나 되었겠죠.

이 모든 것이 그녀의 나이 76세에 시작되었습니다. 76세 이하면 시작하기에 충분한 나이라는 말입니다. "60이면 청춘이고, 사십이면 어린 거다!"인 것이죠. 그래도 늦었다고 주저하는 사람에게 모지스 할머니는 한마디 덧붙였습니다.

"정말 하고 싶은 일을 하세요. 하나님께서 기뻐하시면 성공의 문을 열어주실 것입니다. 당신의 나이가 이미 팔십이라 하더라도요."

인생 팔십이면 공동묘지가 가깝다고 푸념하는 사람도 있지만 모지스 할머니는 아직 시작할 수 있는 나이라고 말합니다. 이에 질세라 맞장구치며 튀어나오는 선수가 있었으니 바다 건너 일본인 시바타 도요 할머니입니다.

그녀는 1911년에 도치기 시에서 부유한 가정의 외동딸로 태어났습니다. 하지만 열 살 무렵에 가세가 급격히 기울면서 그녀의 호사는 끝이 났습니다. 너무나 가난해서 학교도 못 다녔고 먹고살기 위해 요리 집 허드렛일을 해야 했죠. 결혼은 20대에 했는데 곧 이혼의 아픔을 겪어야 했고, 서른셋에야 요리사인 시바타 에이키치와 재혼하여 아들을 하나 얻었습니다.

남편을 먼저 보내고 홀로 보낸 지 20여 년이 지난 92세 때였습니다. 도요 할머니는 아들의 권유로 평소에 좋아하던 시를 쓰기 시작했습니다. 그녀의 일상에서 울고 웃고 아파했던 날들을 담담한 시로 빚어냈습니다. 그간 겪었던 소소한 일상들은 빛나는 시들로 태어났고 어느새 한 권 분량이 되었습니다. 그녀는 그녀의 시를 자신의 장례비로 쓰려고 했던 돈으로 출판했습니다. 이 책은 입소문으로 순식간에 팔려나갔고 대형 출판사와의 계약으로 2009년에 『약해지지 마』란 제목으로 정식 출간되었습니다. 그녀의 나이 아흔

아홉일 때였죠.

"있잖아, 불행하다고
한숨짓지 마

〈중략〉

나도 괴로운 일
많았지만
살아 있어 좋았어

너도 약해지지 마"

도요 할머니가 지은 '약해지지 마' 시의 일부입니다. 일상에서 나왔지만 삶의 깊이가 묻어 있는 그녀의 시는 많은 사람들에게 감동을 선물했습니다. 읽는 이들마다 그녀의 시로 위로와 용기와 희망을 얻었죠. 그녀의 시집은 일본 열도를 휩쓸어 160만 부나 팔려나갔습니다. 단 권 시집으로는 기록적으로 많은 양이었죠. 그녀는 단번에 베스트셀러 작가로 등극했고 이전보다 더욱 생동감 있고 영향력 있는 삶을 살게 되었습니다. 이 모든 것이 92세 때에 시작되었습니다. 어때요? 이젠 92세 전까지는 늦었다는 말도 못 할 것 같지 않나요? 이런 얘기를 하면 꼭 삐딱하게 반응하는 사람이 있습니다.

"뭔 소리여! 그 사람들이랑 내가 똑같냐? 그리고 그 할머니는 원래 재능이 있었던 거지."

그들은 재능이 있어서 늦어도 가능했겠지만 자기는 그들과 다르다는 것입니다. 당연히 다르겠죠. 지구상의 인구가 약 80억 정도 된다는데 그중에 같은 사람이 하나라도 있을까요? 그래서 오히려 해볼 만한 것이 아닐까요? 최소한 짝퉁 모지스나 짝퉁 도요는 안 될 것이니까요. 모지스나 도요 할머니처럼 세상에는 이미 끝났다고 할 때에 시작되어 위대한 결실을 거둔 예가 많습니다. 중국 제(濟)나라를 세운 강태공이라고 불리던 강상(姜尙)이 세상에 나와 호령하기 시작한 때도 80대였고 이스라엘 민족을 이집트에서 해방시켰던 모세가 하나님께 부름 받은 때도 80대였습니다. 하물며 청춘의 때이겠습니까! 특별히 당신이 그리스도인이라면 모지스 할머니의 이 말을 반드시 되새겨 볼 필요가 있습니다.

"하나님께서 기뻐하시면 성공의 문을 열어주실 것입니다."

하나님이 기뻐하시면 된다는 말입니다. 사람은 물리적인 시간에 살지만 꼭 물리적인 시간에 사는 것은 아닙니다. 전능하신 하나님과 함께할 때는 더군다나 아닙니다. 하나님이 함께하시면 단 하루 만에도 마른 지팡이에서 꽃이 피고 열매가 맺힙니다. 하나님과 함께 있으면 하루도 천년 같고 천년도 하루 같습니다. 이미 늦은 것은 없습니다. 하나님이 늦었다고 하기 전에는 늦은 것이 아닙니다. 즉시 시작해 보십시오. 시작은 보화가 가득 담긴 창고의 문을 여는 것과 같습니다. 바로 자기 자신 속에 있는 재능과 기회의 보화창고의 문 말입니다. 아무리 창고에 보화가 가득해도 문을 열지 않으면 결코 얻을 수 없습니다. 지금 그 문을 열었습니까? 그렇다면 아직 늦은 것은 아닙니다.

욕망과 사랑의 차이

마을 길로 지나는 차량들의 과속으로 사고가 자주 나는 시골 마을이 있었습니다. 동네 사람들이 모여서 어떻게 하면 과속을 차단할 수 있을지 의논했습니다. 여러 가지 의견을 내어 시행해 보았지만 번번이 실패했습니다. 하지만 한 아주머니가 낸 기발한 아이디어로 이 문제는 단번에 해결되었습니다. 마을 입구에 이런 푯말을 세웠죠.

"쳐다보지 마세요. 여기는 누드촌입니다."

사람들의 내재된 엉큼한 욕망을 이용했던 걸까요? 욕망은 사람들을 움직이게 하는 힘이 있습니다. 흡연을 하고픈 욕망은 차가운 겨울바람에 떨면서도 베란다에서 담배를 피우게 하고 도박을 하고픈 욕망은 눈이 빨개지도록 피곤하면서도 밤을 지새우게도 합니다. 이뿐이 아닙니다. 욕망은 변신의 명수입니다. 때로는 욕망이 사랑처럼 위장을 합니다. 욕망인지 사랑인지 분간이 어렵죠. 신병철 작가는 그의 책『쉽고 강한 브랜드 전략』에서 사랑으로 위장된 욕망에 대해 이렇게 썼습니다.

'나의 욕구가 투영된 사랑은 진실된 사랑이 아니라 사랑으로 위장한 나의 욕구일 뿐이다.'

욕구, 즉 욕망이 투영된 사랑이 있다는 말입니다. 그 위장이 너무나 완벽해서 본인 자신도 그것이 사랑인지 욕망인지 구별을 못하기도 합니다. 자기 마음을 자기도 모른다는 말이 그래서 있는 것이겠지요. 그러면 우리는 누군가를 사랑한다고 할 때 어떻게 그것이 진실된 사랑인지 욕망에서 나온 사랑인지 알 수 있을까요? 과연 욕망과 진실된 사랑은 어떻게 구별할 수 있을까요?

이스라엘에 다윗왕의 아들 암논이란 왕자가 있었습니다. 그런데 그가 몹쓸 놈의 사랑에 빠졌죠. 자기의 이복 여동생인 다말에게 마음이 빼앗겨 버렸던 것입니다. 어느 유행가의 가사처럼 그녀가 너무 예뻐서 슬펐던 것일까요? 아니면 속이 너무 타서 죽을 것 같았을까요? 암논은 그만 상사병(相思病)에 걸려 자리에 눕고 말았습니다. 끙끙대고 있는 그에게 다가온 것은 그의 절친 요나답이었습니다. 요나답은 교활한 인물로 암논에게 그의 사랑을 쟁취할 계교를 가르쳐 주었죠. 암논은 즉시 그 계교를 시행했습니다.

그의 아버지 다윗 왕이 그에게 문병 왔을 때 아버지에게 여동생 다말이 직접 만든 빵이 너무나 먹고 싶다고 말했습니다. 그 빵만 먹으면 나을 것이라고 말입니다. 다윗은 사람을 보내 다말에게 그렇게 하도록 했고 다말은 이복 오라버니 암논의 집으로 가서 맛있는 빵을 구워냈습니다.

그 후부터 암논의 악한 짓이 시작되었죠. 암논은 그 빵을 먹지 않고 사람들을 모두 밖으로 보낸 후 다말에게 자기 침실로 가지고 와서 직접 먹여달라고 했습니다. 순진한 다말은 빵을 들고 그의 요구대로 침실로 들어가서 먹여주려고 했고 그 순간 암논이 다말을 덮쳤던 것입니다. 다말은 소스라치게 놀라 발버둥 치며 소리쳤습니다.

"이러지 마세요. 오라버니. 이런 법이 없습니다. 제발 이런 악한 일을 저지르지 말아 주세요. 내가 이런 수치를 당하고 어디를 가라고요. 오라버니도 정신 나간 사람이라고 욕을 먹을 것입니다. 차라리 이제라도 저를 오라버니에게 주라고 아버지께 말씀해 보세요. 거절하지 않으실 것입니다."

다말이 애절하게 간청했지만 암논의 갈망을 꺾지 못했습니다.

다말보다 힘이 센 암논이 다말을 억지로 욕보이고 말았죠. 이것은 욕망이었을까요? 사랑이었을까요? 그 답은 암논의 다음 행동에서 나옵니다.

암논에게 이상한 현상이 일어났습니다. 다말을 욕보인 후에 갑자기 그녀가 미워졌기 때문입니다. 어찌나 그 미움이 컸던지 다말을 꼴 보기도 싫어했죠. 암논은 다말에게 당장 나가라고 소리를 질렀습니다. 그런 암논에게 다말은 그것은 더 큰 악을 저지르는 것이라며 울부짖었지만 암논은 그녀를 내쫓고 대문의 빗장을 걸어버리게 했습니다. 다시 물어볼까요? 암논의 사랑은 욕망이었을까요? 진실된 사랑이었을까요? 욕망이었습니다. 사랑의 탈을 쓴 욕망.

아마 암논 자신도 그렇게 된 것에 놀랐을지 모릅니다. 그것이 욕망의 특징입니다. 성취하면 시들어 버리는 것. 남녀가 사랑을 나눈 후에 진실된 사랑은 "이제 시작이야"라고 생각하지만 욕망에서 나온 사랑은 "이제 끝이야"라고 생각합니다. 사랑의 탈을 쓴 욕망은 욕망이 이루어지기 전까지는 불타오르지만 욕망이 이루어지면 금방 꺼져 버립니다. 더 이상 좋아하지도 않고 흥미도 안 생깁니다. 진정한 사랑은 그 반대이죠. 사랑할수록 더욱 뜨겁게 사랑하게 되고 세상 모든 것을 그 사랑에 걸게 됩니다.

세겜 성읍에 세겜이란 추장이 있었습니다. 어느 날 그의 성읍에 구경 나온 야곱의 고명딸인 디나를 한번 보고 반해서 겁탈해버렸습니다. 그런데 그것이 끝이 아니었습니다. 디나를 겁탈한 후 세겜이 디나에게 완전히 마음을 빼앗겨 버렸던 것입니다. 세겜은 그녀 없이는 못 살 것 같았죠. 그는 자기 아버지에게 디나를 아내로 삼게 해 달라고 간청했습니다. 세겜의 아버지 하몰은 야곱에게 찾아갔고 어떤 대가도 치를 것이니 디나를 세겜의 아내 삼게 해 달라고 간청했습니다. 이에 야곱의 아들들은 그들이 따르기 힘든 제안을 한 가지 했습니다.

"세겜 성의 모든 남자들이 할례를 받으면 그렇게 해 주겠소."

할례는 오늘날의 남자들 포경수술입니다. 당시는 의술이나 의약품이 발달되지 않은 데다 모든 남자들이 할례받을 경우 외부의 적들로부터 무방비 상태가 되기 때문에 매우 위험한 것이었습니다. 그렇지만 세겜은 그 제안을 받아들였고 성읍 사람들을 설득해서 모든 남자들이 할례를 받게 했습니다. 그러나 그 사랑의 대가는 너무나 컸죠. 세겜 성의 모든 남자들이 할례를 받아 고통스러워하고 있을 때 야곱의 아들들이 습격하여 그들 모두를 죽여 버렸기 때문입니다. 세겜, 디나에 대한 그의 사랑은 욕망이었을까요? 진실된 사랑이었을까요? 진실된 사랑이었죠. 비록 처음 시작이 겁탈이었지만 그것은 사랑으로 이어졌고 그 사랑은 목숨으로 증명되었으니까요.

진정한 사랑은 욕망으로 시작되었다고 해도 사랑으로 여물어집니다. '결혼하기 전에는 맹인이었다가 결혼 후에는 안과의사가 된다'는 말도 있지만 진정한 사랑은 성취가 되어도 변하지 않고 죽음보다 강해집니다. 진정한 사랑은 상대의 결점도 자신의 것이 되지만 욕망으로 인한 사랑은 상대의 결점이 실망의 조건이 됩니다.

어느 날 두 총각이 "여자는 예쁘면 다 용서 되지!"라며 히이덕거리는 소리를 우연히 들었습니다. 그 말에 나도 웃음이 나왔습니다. 진짜 여자는 예쁘기만 하면 다 됩니까? 여자의 과거가 드러나서 싸우다가 이별한 얘기도 많기만 한데요? 외모가 무슨 중세시대 면죄부나 됩니까? 다들 이러니 성형외과가 잘 되는가 봅니다. 성형수술의 강국인 우리나라, 해외에서 성형 원정을 오는 나라이다 보니 성형을 풍자한 유머도 많습니다. 어느 교회 김 집사가 큰 교통사고를 당했습니다. 온몸이 크게 다쳤는데 기도로 간신히 살아났습니다. 얼굴이 완전 망가져서 수술해야 했는데 얼굴을 성형한다고 하니 슬그머니 욕심이 생겨서 의사에게 살짝 부탁했습니다.

"이왕 수술할 거면 김태희 얼굴로 해 주세요."

완벽한 성형수술로 멋진 김태희 얼굴로 다시 태어난 김 집사, 퇴원하여 날아갈 듯이 기분 좋아 통통 뛰면서 병원을 나오는데 그만 횡단보도에서 또 차에 치여 죽고 말았습니다. 김 집사가 하늘나라로 올라가자마자 하나님께 따져 물었습니다.

"하나님, 기도해서 살려 주셨는데 또 죽이시다니요!"

"아이고 미안하다. 네가 김 집사였냐?"

하나님이 못 알아 볼 정도로 완벽한 성형! 대단합니다. 외모가 멋져서 나쁠 게 없겠지만 지나친 외모 사랑에 상처받는 사람이 적지 않습니다. 사랑할 때도 먼저 보이는 것이 외모입니다. 외모에서부터 먼저 마음이 끌립니다. 그런데 단지 얼굴과 몸매만 외모에 들어갈까요? 실제로는 학벌, 재력, 직장, 가문 등등이 모두 외모에 속하지 않을까요? 비록 변변치 않은 외모를 지녔다고 하더라도 재벌 3세란 말을 들으면 매력이 급상승한다니 말입니다. 우리가 누군가를 만나 사랑한다고 하지만 진짜 그 사람을 사랑하고 있는 것이 맞을까요? 혹시 자기도 모르게 그가 가진 외적 조건 때문에 느끼는 욕망을 사랑이라고 착각하는 것은 아닐까요?

사실 누군가를 사랑한다고 할 때 그 시작은 대부분 외적인 조건일 경우가 많습니다. 특히 오늘날은 사랑이 밥 먹여 주냐며 경제력이 우선시 되는 경우가 많습니다. 어떤 노총각은 얼마의 연봉에 어느 정도의 차를 타야 여자들이 만나준다며 그렇지 못한 자신을 푸념하기도 했습니다. 궁금한 것은, 그런데 왜 남들이 부러워할 만한 조건을 다 가진 사람들끼리 만나 사랑해서 결혼했는데 금방 헤어질까요? 어제까지만 해도 죽고 못 살 것같이 사랑한다더니 오늘은 성격 안 맞는다고 이별한다고 하니 진짜 사랑했던 것 맞습니까?

사랑이 아니라 욕망했던 것은 아니고요? 진정한 사랑은 감정으로 시작되었다고 해도 이성으로 정리되고 의지로 지켜집니다. 진정한 사랑은 가을날 낙엽처럼 변하지도 떨어지지도 않습니다.

문학가 괴테는 70대에 열아홉 살 난 울리케란 소녀를 마음 깊이 사랑했습니다. 사랑에 겨워 괴테는 그 소녀에게 구애했죠. 하지만 예상대로 그녀의 어머니의 강력한 반대에 부딪혔습니다. 그래도 못 잊어 괴테는 3년 내내 소녀에게 그의 애틋한 사랑의 편지를 쓰며 그의 사랑을 고백했습니다. 가슴 아프게도 그런 괴테의 그런 사랑은 끝내 이루지 못했고 그리운 마음만 남겼죠. 하지만 괴테의 사랑은 괴테 속에 죽은 듯했던 시성(詩性)을 살려냈고 「마리엔바트의 비가」(1823년)를 만들어 냈습니다. 그 사랑이 욕망이 아니라 사랑이었기 때문입니다. 진정한 사랑은 처음보다 끝이 더욱 아름답고 이루지 못해도 진주같이 귀한 열매를 만들어 냅니다.

의지가 아니라 전략이야

세계 2차 대전 때, 미군과 일본군이 과달카날섬에서 맞붙었습니다. 과달카날섬은 호주 북쪽에 위치한 솔로몬 군도 가운데 하나입니다. 일본군이 이미 섬을 점령하여 이미 주둔해 있었죠. 이 섬을 탈환하기 위해 1만여 명의 미 해병대가 1942년 8월에 상륙했습니다. 신병이 대부분이었던 미 해병대는 도착하자마자 진지를 구축하고 방어용 철조망을 깔았습니다. 섬 지리도 어둡고 일본군의 위치도 아직 파악하지 못했기 때문에 방어진을 먼저 친 것입니다.

그때 일본군 최고 지휘관은 미 해병대를 얕보았고 천 명의 선봉대를 뽑아서 선제공격을 명령했습니다. 공격 명령을 받은 일본군 선봉대는 우렁찬 함성을 지르며 돌격했습니다. 전투 경험이 없던 미 해병대 신병들은 참호 속에서 겁에 떨고 있었죠. 그런데 당황스러운 것은 공격해오는 일본군의 수가 너무 적은 데다 무방비로 돌진해 온 것입니다. 너무나 쉬운 표적이어서 무슨 함정이 있는 것은 아닌가를 의심해봐야 할 정도였습니다.

그 순간 한 발의 총성이 울렸고, 미 해병대는 돌진해 오는 일본군을 향해 일제히 사격을 했습니다. 그들 앞에서 순식간에 천 명의 일본군이 쓰러졌지요. 그렇지만 일본군의 무모한 공격은 멈추지 않았습니다. 2차, 3차 똑같이 공격했고 똑같이 무참하게 죽임을 당했습니다. 나중에는 아예 모든 병력을 모아 폭우 속에서 정글을 뚫고 나와 공격을 해왔습니다.

일본군의 집요한 공격에 드디어 미군의 방어선이 뚫리고 육박전이 벌어졌습니다. 그러나 일본군은 미 해병의 밥이나 다름없었습니다. 무리한 행군에 배고프고 지친 일본군에 비해 미 해병은 충분한 휴식과 넉넉한 식사로 힘이 넘쳤기 때문입니다. 그 전투에서 굳센 의지만으로 덤벼든 일본군은 완패했고 만 명이나 되는 전사자를 남겼습니다. 용기와 신념이 중요한 것이지만 그것만이 전부는 아닙니다. 성경은 이렇게 말씀합니다.

"전략으로 싸우라 승리는 지략이 많음에 있다"(잠24:6)

일본군의 패배 원인은 무엇이었을까요? 전략의 패배였습니다. 아무리 불굴의 의지와 불타는 용기가 있을지라도 전략이 없으면 승리를 장담할 수 없습니다. 수험생에게는 합격 전략, 장사에게는 장사 전략, 전쟁에는 전투 전략이 있어야 합니다.

세계적인 부자로 알려진 미국의 워렌 버핏의 어릴 때 얘기입니다. 그는 어릴 때부터 돈 버는 것을 좋아했습니다. 그가 초등학교 때였습니다. 껌을 마트에서 떼다가 동네 사람들에게 팔았습니다. 마켓이 동네에서 멀리 떨어져 있었기 때문에 멀리 가기 귀찮아하는 사람을 대상으로 장사했던 것이지요.

"껌 사세요. 각종 껌이 여기 있어요."

"꼬마야 얼마니?"

"마켓보다는 1센트 비싸요."

"왜 그러지?"

"아저씨가 가게까지 안 가도 되니까요?"

이런 귀엽고 당찬 아이에게 사람들은 기꺼이 1센트를 더 주고 껌을 샀습니다. 돈이 솔솔 벌리자 재미가 붙은 버핏은 좀 더 많은 돈을 벌고 싶었습니다. 어떻게 해야 더 많은 돈을 벌 수 있을까? 소년 버핏은 더 많은 돈을 벌기 위해서는 더 비싼 품목을 팔아야 한다고 생각했습니다. 그래서 껌보다 비싼 음료수를 팔기로 했습니다. 그런데 음료 중에서도 어떤 음료를 팔아야 더 많이 팔릴지 몰랐습니다. 본능적으로 타고난 전략가인 소년 버핏에게 순간 생각이 떠올랐습니다.

"그래 병뚜껑을 모아보자. 병뚜껑을 모아 종류별로 세어 보면 사람들이 무슨 음료수를 가장 많이 마시는지 알 수 있지 않겠어?"

버핏은 당장 동네를 누비며 병뚜껑을 보이는 데로 주워 왔습니다. 며칠을 모으니 병뚜껑이 방 안에 가득했죠. 버핏은 모아 온 병뚜껑을 종류별로 분류하여 세어보았습니다. 결과는 콜라가 가장 많았습니다. 어떤 음료를 팔아야 할지 딱 답이 나왔죠? 버핏은 마트에서 콜라를 떼어다가 길거리에서 사람들에게 팔았습니다. 예상대로 콜라는 잘 팔려나갔고 그 수입도 껌을 팔았을 때보다 훨씬 많았습니다. 작전 성공이었습니다.

소년 버핏이 장사에 성공한 비결이 무엇이었습니까? 전략이었습니다. 더 벌기 위해서 껌보다 비싼 음료수를 선택한 것이나 음료수 중에서도 콜라를 선택한 것이나 모두 전략에서 나왔죠. 물론 당시 소년 버핏이 전략이란 단어를 떠올리진 않았겠지만요. "한번 그냥 해볼까?" 또는 "다 경험이지" 하고 그냥 무엇을 해보는 사람? 말 그대로 그냥 그렇게 끝납니다. 별것 없습니다. 사소한 것이라고 해도 무엇인가를 성취하기 위해서는 동네 소풍 가듯 대충해서는 되지 않습니다. 밀림이 왕자라는 사자가 사슴 한 마리를 잡으려 해도 그냥 덮치는 것이 아니라 나름 전략을 짜고 신중에 신중을 다한다고 합니다. 좋지도 않은 머리지만 머리를 열심히 굴립니다. 가장 쉬운 먹잇감이 어떤 것인지, 바람은 어느 쪽에서 불어오는지, 몰래 어디로 기어 들어가야 하는지, 어느 지점까지 접근해야 하는지 다 계산하고 잡으러 갑니다. 그래도 먹잇감을 잡는 확률이 30퍼센트 미만이라고 하는데 그냥 덮치면 어떻게 되겠습니까? 굶어 죽거나 골체미만 자랑하며 홀쭉하게 다녀야겠지요. 그런데 의지만으로 전투를 한다고요? 전략 없는 전투는 눈 감고 주먹질 하는 것이나 다를 바 없습니다. 그러면 전략이 가장 빛날 때는 언제일까요? 뭐니 뭐니 해도 상대보다 절대적인 약세에 있을 때 아닐까요?

중세시대에 로마가 그 세력을 확장시켜 가고 있을 때였습니다. 로마에게는 꼭 넘어야 할 산, 카르타고가 있었습니다. 당시 로마에게는 힘든 상대였지만 반드시 넘어야 했습니다. 드디어 두 나라 해군은 밀라초 앞바다에서 우열을 겨루는 전투를 앞두고 있었습니다. 그렇지만 로마에게 카르타고는 보통 부담이 아니었습니다. 카르타고는 전통적인 해상강국으로 항해술에 뛰어나기로 유명한 데다가 함선의 숫자도 로마군보다 1.5배 많았기 때문입니다. 반드시 이겨야 했던 전투, 로마는 어떻게 해야 했을까요?

로마군에서는 그냥 싸우면 불을 보듯 뻔한 싸움을 뒤집기 위해서 놀라운 전략을 구상했습니다. 지피지기면 백전백승이라는 말처럼 로마군에서는 카르타군을 이기기 위해서 자신과 상대방의 장단점을 집중 연구했죠. 그 결과로 개발된 것이 '까마귀'라는 신무기였습니다.

‘까마귀’는 일종의 두 배를 이어주는 직사각형의 긴 다리(Bridge)입니다. 평상시에는 ‘까마귀’를 배의 돛대에 매달고 다니다가 해상전이 벌어지면 적의 함선에 바짝 붙어 이 까마귀를 적 함선의 갑판 위로 떨어뜨립니다. ‘까마귀’라는 다리 끝에는 날카로운 철제 갈고리가 붙어있어서 이것이 떨어지는 힘에 의해 갑판에 깊이 박히는 것입니다. 그러면 이쪽과 저쪽 두 배가 까마귀라는 다리로 단단히 연결되고 그다음에는 그 다리로 건너가서 적과 백병전을 치르는 것입니다. 해상전을 육상전으로 바꾸는 기가 막힌 전략이었죠. 육상전이야 로마 군대가 세계 최강이니 승리는 뻔하지 않겠어요?

드디어 로마군은 밀라초 앞바다에서 그들을 기다리고 있던 카르타고군을 향해 힘차게 진격했습니다. 로마군의 모든 함선 돛대에는 까마귀라는 신무기가 장착되어 있었죠. 그들보다 완벽한 진형을 갖추고 대기하고 있던 카르타고군은 함선의 행렬도 제대로 맞추지 못한 채 다가오는 로마군을 보며 손가락질하며 비웃었습니다. 로마 함선의 돛대에 매미처럼 붙어있는 ‘까마귀’를 보았을 때는 배꼽 잡고 깔깔댔습니다. 해상에서 잔뼈가 굵어 폼에 살고 폼에 죽는 그들의 눈에 볼 때 적의 함선 모양새가 영 아니었던 것입니다. 하지만 로마의 함대가 카르타고의 함선으로 접근하여 ‘까마귀’를 그들의 함선 갑판 위로 떨어뜨렸을 때 카르타고군의 웃음은 싹 가셔버렸습니다. “쾅!” 하는 큰 소리와 함께 까마귀가 카르타고의 함선 갑판 위에 박혔고 까마귀라는 다리로 로마군이 밀물처럼 건너왔기 때문입니다. 카르타고군의 함선 위에서 백병전이 벌어졌고 카르타고군은 무참하게 무너져갔습니다. 카르타고의 뛰어난 항해술은 써 볼 기회조차 없었죠.

전쟁 결과는 월등히 우세했던 카르타고군의 대참패로 끝났습니다. 카르타고군의 침몰된 선박이 15척, 빼앗긴 선박이 30척, 전사자 3천 명, 포로는 무려 7천 명에 다다랐으니까요. 밀라초 앞바다의 첫 번째 해전에서 카르타고는 시칠리아에 파견한 해군의 3분의 1일을 잃고 말았습니다. 승리를 장담했던 카르타고군의 어이없는 패배였습니다. 시오노 나나미의 『로마인 이야기, 한니발 전쟁』에 나오는 이야기입니다.

카르타고가 결정적으로 패전했던 이유는 무엇이었습니까? 전략의 부재였죠. 자신들의 기술과 숫자만 믿고 무작정 덤볐던 것입니다. 미 해병에게 용기와 의지만으로 덤벼들었던 일본군과 다를 바 없습니다. 힘센 놈이 머리 좋은 놈 당할 수 없다고, 카르타고는 모든 조건에서 강했지만 로마군의 전략에 와르르 무너져 내렸습니다. 조건이 불리하다고 반드시 지는 것도 아니고 조건이 좋다고 반드시 이기는 것도 아닙니다. 전략이 중요하죠. 전략이 좋으면 질 싸움도 이길 수 있지만 전략이 나쁘면 이길 싸움도 질 수 있습니다. 상대방에 대한 철저한 분석과 그에 맞는 전략, 이것이 로마군의 승리 비법이었습니다.

하나님을 믿는다고 무조건 '믿음으로 하면 된다'는 사람이 있습니다. 강력한 믿음은 칭찬할 만하지만 그렇다면 왜 하나님은 사람에게 지혜를 쓸 머리를 주셨을까요?

성경에 보면 하나님도 전략가이십니다. 세상을 창조하시고 성도들을 인도하는 것이 무계획적이 아니셨습니다. 태초부터 계획하셨죠. 메시야의 출현을 보십시오. 우연히 오신 것이 아니었습니다. 수천 년 전부터 메시야가 계시되었고 '때가 차매' 딱 그때에 오셨습니다. 하나님의 계획 속에서 진행된 구속 사역이었죠. 그렇게 하시는 분이 아무 전략이 없으시다면 말이 되겠습니까? 그런 하나님을 믿으면서 전략이 필요 없다고요?

이스라엘을 위협했던 골리앗을 꺾을 때를 볼까요? 골리앗은 2미터가 넘는 키에 갑옷과 무기로 중무장했고 어릴 때부터 훈련받은 장수였습니다. 이런 선수를 어떻게 이겨야 할까요? 삼손 같은 사람을 하나 더 만들어 내야 할까요? 하나님은 골리앗을 누르기 위해 예상 밖의 선수를 내보내셨습니다. 비무장한 십 대 소년 다윗이었습니다. 다들 의아해했죠. 상대도 안 되는 싸움 같아 보였습니다. 그렇지만 이것은 하나님의 수준 높은 전략이셨습니다. 골리앗은 거대한 키에 갑옷과 무기로 무장했지만 매우 느렸습니다. 이에 작지만 빠르고 물매던지기에 능한 다윗을 내보냈던 것입니다. 그의 물매 던지는 실력은 곰과 사자도 잡을 정도로 정확하고 매서웠죠.

결국 골리앗은 크고 강했지만 재빠른 다윗을 결코 잡지 못했고, 오히려 다윗이 멀리서 던진 물매 돌 한 방에 나가떨어졌습니다. 하나님이 그 힘을 더하셔서 돌이 골리앗의 이마에 박혀버렸죠. 간단히 다윗의 승리. 그냥 싸움 같지만 그 속에 전략이 숨어 있는 것이 보이지 않나요?

여호수아가 아이 성을 함락시킬 때도 마찬가지였습니다. 하나님께서는 아이 성을 믿음으로 그냥 밀어붙이라고 명령하지 않으셨습니다. 이번에는 적을 끌어들이는 유인책을 쓰게 하셨죠. 전에 이스라엘군이 아이 성군에게 두 번 패한 것을 이용하게 하셨던 것입니다. 세 번째 이스라엘군과 아이 성군 사이에 전투가 벌어졌습니다. 이스라엘군은 미리 세운 전략대로 싸우다가 일부러 도망치는 전술을 썼습니다. 아이 성군은 이번에도 그들이 이겼다고 생각하고 "우!" 하고 그 뒤를 쫓아갔죠. 자기들의 성문은 활짝 열어 둔 채 말입니다. 그 순간 이스라엘 복병이 거센 파도처럼 아이 성을 치고 들어갔고 상황 끝났습니다.

유다, 이스라엘, 에돔 연합군이 모압 연합군과 전쟁할 때도 마찬가지였습니다. 유다 연합군이 출정하여 진을 쳤는데 가져온 물이 다 떨어졌습니다. 식량도 급한데 물은 더욱 급했죠. 물이 떨어지니 가축도 사람도 목말라 죽을 지경이었습니다. 전쟁도 못 해보고 그냥 끝날 상황이었습니다. 그때 왕들이 급하게 찾은 사람이 엘리사 선지자였습니다.

엘리사는 하나님의 감동으로 골짜기에 도랑을 파라고 지시했습니다. 사실 그것은 단지 목마름만 해결하는 것이 아니라 모압 연합군을 치기 위한 전략도 들어 있었죠. 도랑을 파자 물이 힘차게 솟아났고 유다연합군은 병사나 가축이나 충분히 물을 마셨습니다.

그다음 날 아침이었습니다. 골짜기에 물이 차서 찰랑찰랑한데, 아침에 붉은 해가 뜨니까 그것이 물에 비쳐 골짜기 물이 붉게 보였습니다. 이것을 보고 모압 연합군은 순간 이렇게 생각했습니다.

"골짜기 물이 핏물 아냐? 유다 연합군이 분열이 생겨 서로 싸우다 흘린 피가 틀림없다. 자, 우리 전리품 거두러 올라가자!"

해가 비쳐 붉게 보였던 것인데 모압 연합군은 유대 연합군이 서로 싸워서 흘린 피로 착각했죠. 이것이 하나님의 전략이었습니다. 이에 모압 연합이 무방비상태로 전리품 챙기러 우르르 몰려 올라갔다가 유다 연합군에게 대패했던 것입니다. 어때요? 삼국지 제갈량의 전략을 보는 것 같지 않습니까? 하나님은 '지식의 하나님'이시라고 했습니다. 믿음이 좋다고 생각 없이 무턱대고 하는 것은 하나님의 생각과 좀 다릅니다.

초대교회 일곱 집사의 기준만 해도 그렇습니다. 성령 충만에 지혜 충만을 더하셨습니다. 성령 충만이 힘이라면 지혜 충만은 전략이었죠. 힘과 전략, 이 두 가지가 갖추어진 사람을 선택했던 것입니다. 전략은 그저 믿지 않는 사람들, 똑똑한 사람들만의 전유물이 아닙니다. 믿음 안에서도 전략이 필요하고 상황에 맞는 전략이 있어야 합니다. 하나님이 없이 쓰는 전략도 그토록 엄청난 위력이 있다면 하나님과 함께 하는 전략은 얼마나 더 큰 위력이 있을까요!

상대보다 약하고 부족합니까? 환경과 조건이 열악하고 불리합니까? 그렇다고 지레 겁먹고 절망하고 포기할 필요는 없습니다. 그에 맞는 전략을 짜면 됩니다. 마치 로마해군이 해상 최강팀 카르타고 군을 이기기 위해 전략을 짰듯이 말입니다.

약하고 불리할수록 상황과 상대방과 자신을 면밀하게 분석해 보십시오. 서로의 강점과 약점을 파악하고 무엇을 피하고 무엇을 칠지 연구해 보십시오. 철저하고 정확한 분석과 그에 맞는 전략이 있으면 그만큼 승리는 가까워진 것입니다. 전쟁에서의 승리는 지략이 많음에 있습니다.

물에서 캔 금광

한 수도사가 동굴에서 수행을 하고 있었습니다. 어느 날 신이 찾아와 물었습니다.

"무엇을 원하느냐?"

"내가 생각하는 대로 되기를 바랍니다."

"좋다, 모든 것이 네가 생각하는 대로 될 것이다."

수도사는 너무나 기뻤습니다. 좋은 음식을 생각하자 금방 맛있는 음식이 한 상 차려졌습니다. 좋은 침대를 생각하니 푹신한 침대가 나왔습니다. 그러다 갑자기 이런 생각이 들었습니다.

"동굴이 무너지는 건 아니겠지?"

그 순간 동굴이 무너져 수도사는 죽고 말았습니다.

사람에게 생각한 대로 다 되는 능력이 주어지지 않은 이유를 알겠죠? 그럼에도 불구하고 생각은 우리의 삶을 크게 좌우합니다. 사람을 죽게도 하고 살게도 하며, 성공하게도 하고 실패하게도 합니다. '대저 그 마음의 생각이 어떠하면 그 위인도 그러하다'(잠23:7)는 성경 말씀처럼 어떤 생각을 마음속에 품고 있느냐에 따라 사람이 달라지고 삶이 달라집니다. 무엇을 하느냐보다 어떤 생각을 가지고 있느냐가 훨씬 더 중요한 것입니다.

중국 초나라에 이사(李斯)라는 사람이 살고 있었습니다. 그는 초나라 말단 공무원으로 시작했으나 진나라 승상으로 생을 마친 사람입니다. 자못 놀라운 변화였죠. 그에게 무슨 일이 있었기에 그런 큰 변화가 일어났던 것일까요?

이사는 가난한 집안에서 태어나 이렇다 할 배경도 없는 사람이었습니다. 말단 문서관리직을 맡아 매일 문서관리나 하면서 그럭저럭 살고 있었습니다. 그런 생활이 썩 내키는 것은 아니었지만 특별한 것도 없어 그저 '천직이려니!' 하며 세월을 보내고 있었습니다.

그러던 어느 날이었습니다. 이사가 화장실에서 볼일을 보고 있는데 우연히 쥐 한 마리가 배설물을 훔쳐 먹는 것을 보았습니다. 깡마른 데다가 볼품도 없는 쥐였는데 배설물을 먹다가도 인기척이나 개가 오는 소리라도 들릴 참이면 허둥대고 도망가기 바빴습니다.

그로부터 얼마 후였습니다. 이번에는 국가 곡식 창고에 갔다가 또 다른 쥐들을 보았습니다. 그곳 쥐들은 곡식 창고를 제집 안방인 양 드나들었고 곡식을 훔쳐 먹어 살도 통통했고 털도 번지르르했습니다. 사람이나 개가 오는 소리가 들려도 화장실 쥐와 완전히 달랐습니다. 여유만만했고 거드름까지 피우고 있었죠. 이사는 순간 뭔가에 딱! 하고 맞은 것 같았습니다. 대체 이것은 뭐지? 무엇이 차이이고 무엇이 문제란 말인가! 왜 같은 쥐가 저토록 다르게 살까? 한참 후 그는 무릎을 탁 치며 일어났습니다.

"그래, 사람도 똑같은 것 아닌가! 대체 무엇이 유능이고 무능인가? 이 쥐들처럼 처한 장소의 차이 때문 아니겠는가! 어디에다 제 몸을 두느냐가 이렇게 중요한 것이구나."

맹모삼천과 비슷한 얘기죠. 맹자가 어릴 때 공동묘지 근처에서 사니까 상여꾼 흉내를 내고 시장 근처에서 사니까 장사꾼 흉내를 내다가 글방 근처에서 사니까 글 읽는 사람 흉내를 내어 크게 되었다는 얘기 말입니다. 이사는 스스로 노는 물이 다르기 때문에 그런 차이가 오는 것으로 결론을 내렸습니다. 과감하게 자신의 위치를 바꾸기로 결심했죠.

그동안 일했던 말단 관리직을 미련 없이 그만두고 서둘러 모든 여장을 꾸려서 제나라로 유학을 떠났습니다. 그 나라에는 당시 대 철학자 순자가 있었으니까요. 그곳에서 이사는 순자를 스승으로 모시고 열심히 배웠습니다. 수년이 지났을 때 그는 자기 나름의 제왕 술수학을 완성했고 이번에는 뒤도 안 돌아보고 진나라로 넘어갔습니다. 당시 제나라가 저무는 해였다면 진나라는 떠오르는 해였기 때문입니다.

진나라로 건너온 이사는 진나라 왕 앞에서 자신의 통치철학에 대한 지식을 한껏 풀어 놓았고, 그의 바람대로 진나라 왕의 눈에 들어 등용되었습니다. 진나라 왕의 총애를 입은 이사는 벼슬이 점점 올라갔고 나중에는 최정상인 승상의 자리에 이르렀습니다. 말단 관리에서 승상, 이사의 대변신이었습니다.

그저 팔자려니 하며 아무 생각 없이 맡은 일을 하고 하루 세끼 먹는 것에 만족하며 살았다면 결코 일어날 수 없는 일이었습니다. 화장실의 쥐처럼 그렇게 먹고 살다가 끝났겠죠. 그런데 깨닫고 생각을 해보니까 그런 것이 아니었습니다. 생각을 달리하니까 다른 행동이 나왔고 그 다른 행동이 다른 사람을 만들어 갔던 것입니다. 어떻게 생각하느냐는 이처럼 중요합니다.

옛날부터 지배층의 사람들은 이 사실을 잘 알고 있었습니다. 조선시대 지배층이었던 양반들은 자녀들을 생각 교육 시키는 데 열을 올렸습니다. 어릴 때부터 글을 가르쳤고 많은 책을 읽고 암송하고 토론하게 했습니다. 어느 집은 개인 스승을 데려와 가르치기도 했고 멀리 유학도 보냈습니다. 지금으로 따지면 인문학 교육, 생각 교육입니다. 부모들은 자식이 말을 안 들으면 회초리로 때려가면서도 공부하고 배우게 했습니다. 양반 집에서는 낮이나 밤이나 글 읽는 소리가 끊이지 않았죠. 그들 자녀들은 생각이 넓혀졌고 더욱 지혜로워졌습니다.

반면 양반이 아닌 사람들은 공부와 담쌓게 했습니다. 아예 생각을 못 하게 차단했던 것입니다. 맨날 논밭에 나가 소처럼 종일 죽어라 일만 하게 했습니다. 개중에 공부를 하고 싶은 애들이 있어도 그 부모조차 "공부해서 뭐 하냐"며 일만 시켰습니다. 사회가 그들에게 폐쇄적임을 알아서 그랬겠지만 생각 교육이 얼마나 중요한지도 몰랐던 이유도 있습니다. 이래저래 양반이 아닌 사람은 생각 교육으로부터 멀어졌고 인간이 무엇인지도, 삶이 무엇인지도 생각할 틈도 없이 바쁘게 일만 하다 죽어갔습니다.

청나라 황제 강희제도 생각 교육의 중요성을 안 사람이었습니다. 그는 아들 35명, 딸 20명, 손자는 97명을 두었는데 유치원 나이 때부터 생각 교육을 시켰습니다. 새벽 4시부터 저녁 7시까지 계획표를 만들어 황자와 황손들에게 황제학, 통치학을 가르쳤습니다. 생각하는 사람은 지배를 하고 생각하지 않는 사람은 지배를 당합니다. 생각은 이처럼 개인과 사회에 중요한 영향을 끼칩니다.

19세기 중반, 미국 서부가 '골드러시'로 들썩일 때였습니다. 곳곳에서 금광을 캐어 한몫 잡으려는 사람들이 구름떼처럼 몰려들었습니다. 그중에 열 살배기 소년도 끼어 있었습니다. 몹시 가난했던 이 소년은 '금을 캐면 큰돈 번다'는 소문을 듣고 무작정 서부로 떠났습니다. 기차표 살 돈이 없어서 트럭 화물칸에 몸을 싣고 며칠을 굶주리면서 오스틴(Austin)이라는 지역에 도착했습니다. 소년은 어른들 틈에서 금을 캐어 보려고 안간힘을 썼습니다. 그렇지만 아직 뼈도 굵어지지 않은 어린 소년은 어른들을 결코 따라갈 수 없었습니다. 소년은 곧 깨달았습니다. 금을 캐서는 결코 부자가 될 수 없다는 것을. 소년은 그만 땅에 주저앉아 물끄러미 사람들만 바라보고 있었습니다.

오스틴이라는 지역은 메마른 지역으로 물이 많이 나지 않아서 물이 귀했습니다. 몰려오는 사람이 점점 늘어날수록 물은 점점 부족해졌습니다. 종일 금광을 캐느라고 힘들고 지친 사람들은 부족한 물 때문에 늘 고통을 당해야 했습니다. 저녁이 되면 물 부족은 더욱 심각해져 한 방울 물도 금쪽같았죠. 소년은 물을 애타게 찾는 사람들을 보다가 "반짝!" 하고 생각이 떠올랐습니다.

"아! 그렇지. 물을 팔면 어떨까? 저렇게 물을 찾는 사람도 많은데. 금광을 찾는 것보다 돈을 더 벌지도 몰라. 물을 파는 것이야 못할 게 없지 않아?"

소년은 즉시 튼튼한 삽 하나를 구해 샘을 파기 시작했습니다. 메마른 땅에 물은 쉽게 나오지 않았지만 파고 또 팠습니다. 그러던 어느 날 드디어 땅속에서 시원한 물이 솟아났습니다. 소년은 서둘러 물통을 구해 샘물을 물통에 담아 팔기 시작했고 금광 캘 때보다 훨씬 많은 돈을 벌었습니다. 돈이 얼마쯤 모이자 소년은 그 돈을 밑천으로 새로운 사업을 시작했고 그 사업은 소년을 백만장자의 대열에 들어서게 해 주었습니다. 생각의 변화가 만들어 낸 기적이었습니다.

생각을 어떻게 하느냐는 이처럼 중요합니다. 모든 사람이 금광만 보았을 때 소년은 몰려든 사람들을 보았고 모든 사람이 목마른 것에만 집중해 있을 때 소년은 목마름을 채울 수 있는 샘을 생각했습니다. 금광만 보니까 막막했는데 샘을 보니까 희망이 보였습니다. 비록 어른들 만큼 힘은 없었지만 생각을 바꾸니 그들보다 더 큰돈을 벌었습니다. 금을 캐러 온 대부분의 사람들은 빈 주머니로 돌아갔지만 소년은 능력 있는 사업가로 돌아갔습니다.

70년대 우리나라가 경제 성장이 한창일 때 달러가 많이 필요했습니다. 그때 마침 중동지역에서 건설 바람이 불어왔습니다. 정부에서는 관료들을 현지로 즉시 파견하여 외화벌이가 가능한지 타진해 보게 했습니다. 현지에서 돌아온 관리들은 이렇게 보고했습니다.

"너무 덥고 물이 없어서 건설 불가능합니다."

외화는 절실한데 건설은 불가능하다고 하니 딱할 노릇이었습니다. 그래도 대통령은 아쉬웠던지 이번에는 현대건설 정주영 회장을 불렀습니다. 현지답사팀이 중동 건설은 불가능하다는데 진짜 그런지 전문가 입장에서 판단해 달라는 요청이었습니다. 정 회장은 중동으로 즉각 날아가 2주 만에 돌아와서 이렇게 보고했습니다.

"각하, 중동은 이 세상에서 건설 공사하기에 제일 좋은 지역입니다. 일 년 열두 달 비가 오지 않으니 일 년 내내 공사할 수 있고요, 건설에 필요한 모래, 자갈이 현장에 있으니 자재 조달이 쉽고요. 더위는 천막을 치고 낮에 자고 밤에 일하면 됩니다."

정말 긍정의 아이콘 소리를 들은 정 회장답습니다. 같은 지역을 보고 왔는데 결과 보고는 완전히 반대였습니다. 무엇 때문에 그런 차이가 생겼던 것일까요? 생각 차이 때문이었습니다. 된다고 생각하는 사람은 되는 것만 보이지만 안 된다고 생각하는 사람은 안 되는 것만 보입니다. 된다고 생각하는 사람은 어떻게든 될 이유를 찾지만 안 된다고 생각하는 사람은 안 될 이유만 찾습니다. 어른들은 누누이 말들 합니다. 생각은 남이 대신해 주지 않는다고. 제발 생각 좀 하고 살라고 말입니다. 하나님도 이렇게 말씀하셨습니다.

"백성 중의 어리석은 자들아 너희는 생각하라. 무지한 자들아

너희가 언제나 지혜로울까"(시94:8)

맨날 맞고 혼나면서도 생각 없는 짓만 골라 하는 이스라엘 백성을 향해 하시는 말씀이었습니다. 하나님이 징계하셔서 곤고하게 살면서도 그들은 그렇게 생각하지 못했습니다. 생각하고 돌이키면 살길도 열리고 좋은 길도 열렸을 텐데 그들은 생각과 담쌓고 살았습니다. 자신의 잘못된 것을 생각하지 못하니 하나님 탓, 세상 탓, 다른 사람 탓만 합니다.

첫사랑을 잃어버린 에베소 교회와 살았다는 이름은 가졌으나 죽어 있는 사데 교회를 향하여 하신 말씀의 공통점도 "생각하라"였습니다. 무엇이 문제인지, 어디서부터 시작해야 하는지, 어떻게 해야 하는지 생각해 보라는 말씀이었습니다. 교회도 사회도 개인도 생각이 없으면 변화도 있을 수 없습니다. "제발 생각 좀 하고 살자!"라는 말은 단지 어느 개그 코너에서 나온 말이 아닙니다. 주님의 우리를 향한 열망도 마찬가지입니다. 생각 좀 하고 살라는 것입니다. 자신을 달라지게 하는 것은 백마를 타고 온 왕자가 아니라 자기 자신의 생각입니다. 머리를 쓰기 싫어하면 몸이 고생하듯이 생각하기를 싫어하면 인생이 고달파집니다.

등으로 넘은 사람

생각 얘기가 나왔으니 생각에 대한 얘기를 하나 더 하겠습니다. 1968년 제19회 멕시코 올림픽 높이뛰기에서 화제의 인물이었던 딕 포스베리(Fosbury) 얘기입니다. 그가 화제의 인물이 된 것은 높이뛰기에서 이전과 전혀 다른 '배면뛰기'라는 방법으로 금메달을 땄기 때문입니다. 배면뛰기는 포스베리가 창안한 것으로 등으로 가로 막대를 넘는 방법입니다. 그때까지 다른 선수들은 앞으로 넘는 가위뛰기 방법을 주로 사용하고 있었죠.

포스베리가 올림픽에서 처음 배면뛰기를 선보였을 때 사람들의 반응은 놀라움 자체였습니다. 이제껏 그렇게 넘는 것은 한 번도 본 적이 없었으니까요. 신기해하며 환호하는 사람, 넘는 모습이 웃기다고 깔깔대는 사람, 손가락질하며 흉보는 사람, 반응도 제각각이었습니다. 포스베리는 관중이 어떠하든지 자신이 창안한 방법으로 높이 뛰는 데만 집중했습니다. 결과는 어땠을까요? 금메달이었죠. 그동안 그를 흉보고 무시했던 사람들의 입이 쏙 들어갔습니다. 그 뒤로 높이뛰기 선수들은 포스베리가 개발한 배면뛰기를 따라 했고 오늘날은 높이뛰기의 교본처럼 사용되고 있습니다.

포스베리가 높이뛰기의 새로운 방법을 창안할 수 있었던 비결은 무엇이었을까요? 다른 것보다 기존 생각의 틀, 고정관념에서 벗어났기 때문입니다. 고정관념은 오랫동안 지내오면서 어떤 것에 굳어버린 생각입니다. 오래 입은 옷처럼 편해서 그것이 있는 것도 모를 때가 많죠. 고정관념에 제약을 받고 있으면서도 그 사실을 깨닫지조차 못 합니다. 그래서 어떤 고정관념으로부터 자유롭기는 심 봉사가 눈 뜨기만큼 어렵습니다.

고정관념의 문제는 그것이 새로운 생각의 최대 방해꾼이요 장애물이라는 것입니다. 사람들의 생각 속에 왕처럼 자리 잡고 생각을 좌우하고 일상을 조정합니다. 너무나 익숙해서 일상에서의 고정관념은 느끼지도 못합니다. 그렇지만 어느 날 문득 자신 속에 있던 고정관념이 드러날 때 스스로도 놀라움을 금치 못합니다.

오래전에 차를 운전하고 가고 있었는데 내 차 앞에서 택시와 8톤 덤프트럭 운전자 간에 시비가 붙었습니다. 감정이 격해졌는지 급기야 두 차량을 세워 놓고 두 운전자가 내렸습니다. 그런데 그들이 내리는 것을 보고 잠시 멍해졌습니다. 택시에서 내린 운전사는 마동석 같은 근육질의 덩치였고 덤프트럭에서 내린 사람은 깡마른 홀쭉이였기 때문입니다. "이건 뭐지?" 예상을 깬 두 사람의 등장으로 바보 같은 내 생각에 헛웃음이 나왔습니다. 나는 그동안 큰 트럭은 큰 사람이 운전하고 작은 택시는 작은 사람이 운전한다는 말도 안 되는 고정관념에 갇혀 있었던 것입니다. 이뿐이 아니었습니다. 우리나라에 프라이드라는 자동차가 처음 나왔을 때였습니다. 나는 그것을 '꼬리 없는 차'로 불렀습니다. 트렁크 부분이 없어 꼬리가 잘린 듯해서 붙인 별명입니다. 교회 부목사님이 그 꼬리 없는 차를 타고 다녔습니다. 어느 날 교회 마당에서 부목사님을 만났습니다.

"목사님 안녕하세요? 한 주간 잘 보내셨어요?"

"좀 바빴어요. 어제는 차를 몰고 부산까지 갔다 왔어요."

"네? 부산에요? 프라이드도 부산까지 갈 수 있어요?"

"…"

아니 프라이드도 부산 갈 수 있느냐니요! 차가 작다고 못 갑니까? 자전거 타고도 부산 가는데? 대체 이런 질문이 어디 있겠습니까? 그런데 당시 나는 그런 말도 안 되는 질문을 용감하게 던졌습니다. 작은 차는 서울에서, 큰 차는 전국에서라니! 정말 무지의 소치요 고정관념의 능력이었습니다. 졸지에 릴리리 릴리리 영구가 되고 말았습니다. 웃기는 이야기지만 사람마다 이런 고정관념이 깊이 박혀 있습니다. 아직 안 드러났을 뿐이지요. 심각하지는 않지만 얼마나 고정관념이 생각을 지배하고 있는지를 가르쳐 주는 좋은 예입니다.

고정관념은 얼마나 지엄하신지 한 번 빠지면 그것에서 헤어 나오기 쉽지 않습니다. 코페르니쿠스도 고정관념 때문에 고생했던 적이 있었습니다. 칸트는 『순수이성 비판』 서문에서 코페르니쿠스가 그의 난제를 어떻게 해결 할 수 있었는지를 가르쳐 주고 있습니다.

"코페르니쿠스는 온 천체가 그것을 바라보는 관찰자 주위를 돌고 있다고 가정했을 때, 더 이상 천체 운동을 설명할 수 없는 난관에 봉착했다. 그래서 그는 관찰자로 하여금 주위를 돌게 하고 모든 별들은 그 자리에 가만히 있게 해보면 혹시 더 낫지 않을까 생각했고 그렇게 시도해 보았다."

당시 사람들은 천체가 지구를 돈다는 천동설을 믿고 있었습니다. 그것은 당시 사람들의 생각을 지배하고 있었던 우주관이요, 또 하나의 고정관념이었습니다. 코페르니쿠스도 그 시대의 산물인지라 그런 관념에서 벗어날 수 없었죠. 그런데 그 고정관념 때문에 천체운행법칙을 이해하는데 꽉 막혀 버렸던 것입니다. 아무리 머리를 굴려도 당최 해결이 되지 않았습니다. 그래서 어느 날 그 고정관념으로부터 탈피해 보았습니다. 천동설에서 지동설로 바꾸어 보았던 것입니다. 그랬더니 어때요? 천체 운행의 법칙이 딱 맞아떨어졌습니다. 그때까지 풀 수 없어 끙끙대던 복잡한 문제가 고정관념 하나를 깨버리니 단숨에 해결되어 버렸습니다. 고정관념이 얼마나 강했으면 그토록 코페르니쿠스 같은 뛰어난 사람도 그것으로부터 자유하기가 힘들었을까요? 고정관념은 이처럼 엄한 왕처럼 눈을 부라리고 있어서 그것을 깨기는 정말 힘듭니다.

오늘날 삼성전자는 세계 일류 반도체 회사로 이름나 있지만 80년대만 해도 작고 그 분야에서 한참이나 뒤처진 회사였습니다. 1987년에 삼성전자에서는 4메가 D램을 개발하는 중이었는데 한 가지 고민거리가 있었습니다. 다름 아닌 트랜지스터 향상을 위해 어떤 방식을 선택해야 할 것인가였습니다. 당시 사용되는 방법은 회로를 위로 쌓는 스택 방식과 회로를 속으로 파고 들어가는 트렌치 방식이 있었습니다. 세계 1위 일본 도시바를 비롯하여 대부분의 회사가 주로 트렌치 방식을 사용하고 있었죠. 대세가 트렌치 방식이었다는 뜻입니다.

그러니 후발주자인 삼성 입장에서는 스택 방식을 쓰고 싶어도 성공할지 확신이 생기지 않아서 고민에 빠졌던 것입니다. 결국 최종 선택이 이건희 회장에게 넘어갔습니다. 그런데 이건희 회장은 별 망설임 없이 '스택 방식'을 선택했습니다. 참 쉽죠? 결과론적으로 이 선택은 삼성을 반도체 경쟁에서 앞설 수 있게 하는 결정적인 계기가 되었습니다. 그가 남보다 탁월한 안목이 있어서였던 것일까요? 아니면 우연이었을까요? 그토록 고민하고 결정 못 했던 것을 어떻게 이 회장은 그토록 쉽게 결정할 수 있었을까요? 훗날 이 결정을 쉽게 했던 이유를 이건희 회장은 간단히 말했습니다.

"나는 복잡한 문제일수록 단순화하려고 노력한다. 지하로 파고 들어가는 것보다 위로 쌓는 것이 더 쉽다고 판단했다."

그의 대답은 그냥 쉬워서 그랬다고 했습니다. 그냥 그 방법이 쉬워서 선택했다니 참, 어이도 없고 힘도 빠지는 것 같습니다. 무슨 대단한 철학이나 안목이 있어서인 줄 알았는데 말입니다. 생각해 보면 지극히 당연한 건데 삼성개발팀에서도 그 쉬운 것을 왜 그리 선택하지 못했을까요? 바로 그들이 고정관념에 빠져 있었기 때문입니다. 고정관념은 이처럼 새로운 생각과 새로운 시도를 하는데 왕 같이 범하기 힘든 존재입니다. 이건희 회장의 진짜 탁월성을 이해할 것 같지 않습니까? 그의 탁월성은 쉬운 방법을 선택한 것이 아니라 그 쉬운 방법을 선택할 수 있는 유연한 생각이었습니다. 고정관념에 종 노릇하지 않았죠. 생각이 굳어지면 새로운 것과는 동떨어집니다. 답답하고 뒤처지고 퇴출당합니다.

바둑계에도 이런 현상이 줄곧 나타납니다. 지난날 세계를 제패하고 국수(國手)로 인정받던 고수들이 나이 들면서 어린 선수들에게 지는 현상 말입니다. 여러 원인들을 찾을 수 있겠지만 중요한 것은 그 수가 드러날 뿐 아니라 생각이 굳어져서 새로운 수를 잘 생각해내지 못하기 때문입니다. 생각이 부들부들해서 변화무쌍하게 두는 어린 선수들을 당해낼 수 없죠.

2016년도에 이스라엘 와이즈만 연구소 연구진이 국제 학술지 '네이처 메디신'에 인간 신체 회전율에 대한 연구 결과를 실었습니다. 이 연구에 의하면 사람은 약 30조 개의 세포로 이루어져 있는데 매일 약 3,300억 개의 세포가 죽고 새로 만들어진다고 합니다. 사람의 전체 세포가 교체되는 회전 주기가 평균 80일이고요. 와우! 놀랍지 않으세요? 우리 몸이 쉴 새 없이 새로운 세포로 채워진다니 말입니다. 사람의 몸이야말로 날마다 새로움입니다. 이것이 도전이 되지 않습니까? 늙어가는 몸도 이렇듯 날마다 새롭게 채워지고 있는데 생각이 굳어진 틀 속에 갇혀 있다니요! 이거 진짜 새로워지는 몸에게 미안한 거 아니에요? 익숙한 것을 떠나고 뻔한 생각을 깨 보십시오. 항상 수긍해 왔던 것들에 대하여 반대의 질문을 던져 보십시오. 샛별 같은 창의적인 생각이 당신을 방문할 것입니다.

무슨 일이든 이렇게

한때 얼굴 없는 가수로 유명했던 김범수가 『나는 미남이다』란 책을 냈습니다. '나는 미남이다'라는 책 제목은 자신의 외모에 대한 반란이었을까요? 아니면 세상에 대한 자기 선언이었을까요? 김범수는 정작 자신은 못생겼다는 생각을 해본 적이 없는데 '꽃미남'이 대세였던 시절에 그만 못생긴 가수가 되어 버렸다고 말합니다. 데뷔곡 '약속'을 낼 때도 그의 기획사에서는 '얼굴은 없는 거로 가자, 절대 TV 출연 안 되고, 인터뷰는 서면으로만'이라는 원칙을 세웠다고 하니 지금 생각하면 정말 그랬을까 싶습니다.

남 얼굴 얘기는 이만하고, 김범수가 노래를 한 계기는 고등학교 때 교회를 나가면서부터였습니다. 다니던 교회 학생 '문학의 밤'에서 노래를 했는데 그것을 계기로 학생들 사이에 노래 잘하는 학생으로 통했습니다. 고등학교를 졸업 후 그는 음악대학으로 진학

하고자 했습니다. 하지만 갈만한 곳이 없어서 숭실대학교 평생교육원 콘서바토리에 들어갔죠. 다행히 그곳에서 범수의 음악 인생에 큰 영향을 끼친 보컬 전문코치 박선주 선생을 만났습니다. 범수의 노래를 처음 들어본 박선주 선생은 이렇게 평했습니다.

"넌, 음정도 박자도 안 되는데 목소리만 좋구나."

노래 잘한다는 소리를 들은 그였지만 전문가의 수준에서 볼 때 아직 다듬어지지 않은 원석 수준에 불과했던 것입니다. 그럼 어떻게 오늘날 손꼽히는 실력 있는 가수로 되었을까요? 범수의 철저한 연습 때문이었습니다. 범수는 보컬 코치 박선주 선생에게서 노래 훈련을 받았습니다. 범수는 그의 실력을 높이기 위해 연습에 매진하기로 작정했습니다. 아무리 힘든 곡이라도 주어진 과제는 반드시 완수해 갔습니다. 거의 완벽할 정도로 말입니다. 그의 노래 실력은 점점 나아졌고 나중에는 어렵다는 어느 소속사의 연습생 오디션에도 당당하게 합격할 수 있었습니다. 그의 지독할 정도로 철저한 노래 연습은 엔터테인먼트 회사 연습생 시절에도 변하지 않았습니다. 연습실을 빈 적도 없었고 연습을 게을리해 본 적도 없었습니다. 그의 생활도 스스로 오직 집, 교회, 연습실, 여자 친구로 단출하게 정리했죠.

그는 원래 형뻘 되는 사람과 듀엣으로 데뷔할 예정이었습니다.

그 형이란 사람도 같은 연습생이었죠. 그런데 그 형은 범수와 대조적으로 연습을 빼먹기가 일쑤였고 연습 과제도 슬렁슬렁했습니다. 툭하면 나다니는 그 형 덕분에 연습실 청소나 잡다한 심부름은 혼자 있는 범수의 차지였죠. 그런데도 그 형이란 사람은 넉살이 좋아 기획사 사장이나 음악 코치와 형 누나 하며 친하게 지냈고 잘못해도 별로 혼나지도 않았습니다.

"도대체 내가 무엇을 잘못하고 있는 거지? 저 형은 맨날 대충해도 혼도 잘 안 나고 관계만 좋은데 나는 뭐야?"

어느 날 문득 이런 생각이 들었습니다. 왜 같은 연습생인데 사는 모양이 그렇게 다르냐는 말입니다. 자신만 홀대받고 자신만 바보 노릇하는 것 같았죠. 억울한 생각도 들고 소외감도 들고 뭔가 잘 못 사는 것 같아 속상하기도 했습니다. "에이, 나도 대충 해버려?"와 같은 생각도 불쑥 들었죠. 그렇지만 곧 마음을 고쳐먹고 연습에 집중하기로 했습니다. 결국 얼마 안 있어 그 형이란 사람은 문제를 일으켜 회사를 떠나게 되었고 범수는 오히려 솔로로 데뷔할 기회를 얻었습니다. 그의 노래는 세상에 나오자마자 인기를 끌었고 그를 스타의 길로 들어서게 해주었습니다. 그때 범수는 이런 깨달음이 왔습니다.

"그래, 성실은 절대 배신하지 않는구나."

김범수가 오늘날 실력 있고 유명한 가수가 된 것은 결코 우연이 아니었습니다. 그의 부단한 성실함 때문이었죠. 어두운 땅속에서 5년 동안 잠잠하다 어느 날 솟구쳐 나오는 대나무처럼 긴 시간을 그렇게 성실했던 것입니다. 누가 뭐라고 하든지 누가 무엇을 하든지 성실을 밥 먹듯이 했던 것입니다.

일본인 노다 세이코라는 여성 정치가가 있었습니다. 그녀가 대학 졸업하고 대도시 도쿄로 올라와 한 호텔에 취직했을 때였습니다. 사회 초년생으로 누구보다 설레고 기대가 컸죠. 그런데 호텔 직원으로서 그에게 처음 맡겨진 일은 화장실 청소였습니다. 학교에서도 주로 벌설 때 했던 그 화장실 청소 말입니다. "이걸 해 말아? 그냥 못 한다고 때려 쳐?" 마음속에 이런 갈등이 소용돌이쳤습니다. 아직은 앳된 아가씨인데 냄새나고 더러운 화장실 청소를 하려니 짜증이 날 만하지 않았겠습니까? 이러고 있는데 청소시키는 직장 상사가 와서는 기름을 끼얹었습니다.

"새로 산 변기처럼 깨끗하게 닦아야 한다."

우웩! 새것처럼 이라고! 더욱 그녀의 마음은 복잡해졌는데 불현듯 집을 떠나오기 전에 혼자 다짐했던 말이 떠올랐습니다.

“어떤 일을 할지는 모르지만, 절대로 대충하다가 그만두지는 않겠다.”

다시 마음을 잡고 청소를 하고 있을 때 저쪽에서 같은 직장 선배가 또 다른 화장실을 청소하고 있는 것이 눈에 들어왔습니다. 그 선배는 자기보다 훨씬 오래되었고 월급도 많이 받고 있었는데도 불평 하나 없이 청소를 하고 있었죠. 어찌나 청소하는 모습이 밝았던지 무슨 취미활동이나 하고 있는가 싶을 정도였습니다. 그가 닦아 놓은 변기는 정말 새것처럼 반짝반짝거렸습니다. 노다 세이코는 감탄이 저절로 나왔고 새로운 결심을 하게 되었습니다.

“그래! 평생 화장실 청소만 해도 화장실 청소만은 내가 일등이 되어야겠다.”

그런 일이 있은 후 그녀는 화장실 청소는 물론 모든 일에 온 마음을 다하는 사람이 되었습니다. 이런 성실함의 보상이라고 할까요? 10년 후 그녀는 정부기관인 우정국의 최고책임자가 되어 있었습니다. 성실은 단지 세상에서 하는 말이 아닙니다. 하나님은 세상보다 더 큰 성실을 요구하십니다. 하나님은 바울을 통해 얼마나 어떻게 성실해야 하는지 말씀하셨습니다.

"무슨 일을 하든지 마음을 다하여 주께 하듯 하고 사람에게 하듯 하지 말라"(골3:23)

무슨 일을 하든 주께 하듯! 이것은 성실의 다른 표현입니다. 성경에서 성실의 기준은 '주님께 하듯'입니다. 정말 세상의 성실의 수준을 한참이나 넘어섭니다. 누가 세상일을 하면서 주님께 하듯 할까요. 또한 성실의 영역은 '무슨 일을 하든'입니다. 전 영역입니다. '무슨 일이든'이란 속엔 모든 일이 포함되어 있습니다. 까탈스럽고 툭하면 성질만 내는 사장님, 이랬다저랬다 하며 일만 더하는 윗상사, 내게만 오는 귀찮고 힘든 업무, 이 모든 것이 '무슨 일을 하든'에 포함되어 있습니다. 또한 성실에 대한 것은 단지 부탁이나 권면사항이 아니라 하나님의 명령입니다. 누구 말대로 미치고 팔짝 뛸 일입니다. 지금 사는 것도 힘든데 주님께 하듯이 하라니요. 진짜, 믿는 것이 이런 건가요? 나만 바보 되고 나만 손해 막심할 것 같은데 꼭 그렇게 살아야 하나요? 하나님 어찌하여 우리에게 이런 시련을 허락하셨습니까! 혹시 하나님이 하늘나라에만 계셔서 이 세상 사정을 잘 모르시는 것 아닐까요? 나의 힘든 것을 뻔히 보고 계시면서도 그렇게 말씀하실 수 있을까요!

네, 그렇게 말씀하실 수 있습니다. 그렇게 말씀하셨습니다. 그렇다고 너무 화내거나 서운해할 것만은 아닙니다. 하나님이 기찬 것을 약속하시고 계시니까요.

"기업의 상을 주께 받을 줄 아나니 너희는 주 그리스도를 섬기느니라."(골3:24)

무슨 일에든지 주께 하듯 성실하면 하나님께서 그 상(賞)을 주신다는 약속입니다. 주님께 하듯 한 것은 세상의 모든 일이었는데 상급은 주님이 주신답니다. 무슨 말씀입니까? 주님의 말씀 때문에 순종하느라고 모든 일을 주님께 하듯 했다면 그것을 그리스도를 섬긴 것으로 쳐주시겠다는 뜻입니다. 그저 주어진 것에 성실을 다했는데 상급은 주님이 주신다니 황송하기 이를 데 없습니다. 그런데 이렇게 투덜대는 사람이 있을지 모릅니다.

"에이, 그런 상 하늘나라에만 받으면 뭐 해요. 힘든 것은 당장 지금인데요!"

그래요 지금 당장이 급하죠. 아무리 하늘나라가 영광스러워도 지금 숨이 꼴깍꼴깍하는데 어떻게 주님께 하듯 하냐고욧! 주님이 딴 세상 얘기하는 것 같습니다. 갑자기 서운해서 삐지려고 합니다. 그런데 그것 아시나요? 주님의 상급은 단지 하늘나라에서가 아니라 이 땅에서도 주어진다는 사실 말입니다.

한번 눈 딱 감고 무슨 일이든 주님께 하듯 해 보세요. 마음을 꾹 잡고 '시켜서 할 수 없이'가 아니라 '기꺼이 기분 좋게' 해 보세요. 당신이 있는 곳에서 기적이 나타날 것입니다. 결코 변화될 것 같지 않은 윗상사가 변화될 것이고 끝날 것 같지 않던 그 일이 끝날 것입니다. 아니면 다른 길을 분명히 열어 주실 것입니다.

요셉이 그랬잖아요. 그는 노예로 팔려 갔는데 뭐가 신났다고 성실하게 살았을까요? 그냥 대충해도 세끼는 나왔을 텐데요. 아무런 꿈도 희망도 없을 상황에서도 그렇게 열심히 살았습니다. 무슨 일이든 주께 하듯 성실하게 했습니다. 다른 노예들이 보면 기가 찬, 멍청한 짓이었죠. 그런데 그런 요셉이 어떻게 되었습니까? 노예로 들어갔는데 온 집안의 총 관리인이 되었습니다. 심지어 감옥에 갔을 때도 마찬가지였습니다. 어찌나 모범죄수였는지 금방 간수장을 돕는 죄수가 되지 않았습니까?

마음에 안 찰지도 모르겠지만, 진짜 말씀대로만 순종해 보십시오. 주님이 그렇게 안 하시는지! 진짜 기적이 일어납니다. 무슨 일이든 주님께 하듯 하는 성실, 힘들지만 그것이 모든 열악한 조건과 환경을 가장 빨리 바꿀 수 있는 방법입니다. 구원은 오직 믿음으로 받지만 상급(賞給)은 자신의 행위로 받습니다. 매 순간 모든 일을 주께 하듯 성실해 보세요. 오는 것은 반드시 기대 이상일 테니.

영점은 잡았나요?

미국 코미디계의 최고 마크 트웨인과 발레계의 최고 이사도라 덩컨이 파티에서 만났습니다. 이사도라가 마크 트웨인이 맘에 들었는지 먼저 작업을 걸었지요.

“나의 외모를 닮고 당신 머리를 닮은 아기가 태어나면 얼마나 좋을까요?”

“나의 외모를 닮고 당신 머리 닮은 아기 태어나면 어쩌시려고?”

마크 트웨인의 재치 있는 대답처럼 태어나는 아이는 맞춤처럼 되지 않습니다. 부모를 닮는다고 해도 그 역시 일부분에 불과합니다. 천재끼리 결혼한다고 해도 그 반대로 나올 수도 있습니다. 그런데 롤프 도벨리는『불행 피하기 기술』에서 이렇게 말했습니다.

"당신을 결정하는 것은 바로 당신의 유전자와 그 유전자의 설계도가 실행되는 당신의 환경이다."

돌프 도벨리에 따르면 부모와 태어난 환경이 인생을 차이 나게 하는 절대적인 조건입니다. 그는 또한 좋은 부모와 좋은 환경에서 태어난 것을 '난소복권'에 당첨된 것으로 표현했습니다. 뉴스에서도 부와 지위가 대물림된다는 말이 나오고 소위 '아빠 찬스'로 잘 산다는 사람들 이야기도 나오는 것을 보면 그런 것도 같습니다. 돌프 도벨리의 주장이 일리는 있습니다. 하지만 그것은 하나의 편견에 불과합니다. 그의 주장에 맞는 경우도 있지만 유전자나 환경과 상관없는 경우가 너무나 많이 나타나기 때문입니다.

역대 최고의 경주마였던 노던 댄서(Northern Dancer)와 세크테리엇(Secretareat)의 혈통을 이어받은 그린 몽키(Green Monkey)라는 말이 경매 시장에 나왔습니다. 말의 혈통이 이태리 귀족 같은지라 사람들의 관심이 온통 이 말의 낙찰가에 집중되었습니다. 드디어 그린 몽키의 경매가 시작되었습니다. 경매가 시작되자 응찰가는 순식간에 올라갔고 높아진 응찰가에 경매에 참여한 대부분의 사람들이 일찌감치 포기했고 딱 두 사람만이 남았습니다. 좋은 말을 탐내는 아일랜드 억만장자와 두바이의 돈 많은 족장이었죠. 응찰가격은 이미 경매 예상가를 훨씬 넘어갔지만 자존심 싸움으로 번진 경매는 그칠 줄을 몰랐습니다. 드디어 낙찰되었습니다. 171억 원! 말

한 마리 가격이었습니다. 그럼 이 그린 몽키란 말은 대단한 혈통값을 제대로 했을까요? 결코 그렇지 못했습니다. 이 말은 겨우 세 번 경주에 참가해서 상금 1천만 원 벌어들이고 은퇴했으니까요. 화려한 혈통의 너무나 초라한 퇴장이었죠.

이 역시 유전자대로 되지 않은 경우 아닐까요? 사람도 마찬 가지입니다. 부모의 유전자나 환경이 절대적인 것은 아닙니다. 그렇지만 그러한 편견은 사회 전반에 퍼져있고 사람들에게 여러 면에서 영향을 끼칩니다. 어디 이런 편견뿐일까요? 우리들도 의식조차 못하는 편견이 많습니다.

편견이 문제인 것은, 편견으로 잘못된 판단을 하면서도 그것이 편견임을 모른다는 사실입니다. 편견이 들을 귀를 막아 버리기 때문에 다른 사람의 말이 들리지도 않게 되죠.

언젠가부터 아내가 자기의 말을 무시한다고 느끼는 중년 남편이 있었습니다. 출근할 때 다녀온다고 해도, 퇴근해서 다녀왔다고 해도 아내가 아무런 대답이 없었습니다. 왜 그런지 이유도 몰랐습니다. 어느 날 저녁 아내가 주방에서 맛있는 음식을 만들고 있었습니다. 거실에 있던 남편은 아내에게 무슨 음식을 만드느냐고 물었습니다. 아내는 역시 아무 응답이 없었습니다. 남편은 다시 목청을 높여 물었습니다.

"여보 어떤 음식을 하는 거야!"

역시 무응답이었습니다. 참다못한 남편은 주방으로 달려가서 화난 목소리로 아내의 귀에다 대고 소리를 질렀습니다. 깜짝 놀란 아내가 요리하다 말고 홱 돌아보며 아주 큰 소리로 대답했습니다.

"아니, 도대체 몇 번씩이나 말해야 해요. 불고기 볶음이라고!!"

사실은 아내가 대답을 하지 않은 것이 아니라 남편이 가는귀가 먹었던 것입니다. 편견도 이와 같습니다. 다른 사람의 말을 못 듣게 귀를 막아 버립니다. 자기만 옳고 맞습니다. 조선시대는 유학자들 역시 자기들만의 편견에 꽁꽁 묶여 있었습니다. 다는 아니었지만 지배층 대부분이 그랬습니다. 마치 예수님 시대 바리새인들처럼 그들은 그들의 편견을 기준 삼아 다른 사람들을 재고 판단했습니다. 백성을 하대했고 늘 가르치려고 했고 임금조차 좌우하려고 했습니다. 특히 왕권이 약해지기라도 하면 그들의 못된 버르장머리는 하늘로 치솟았습니다.

성종 말년이었습니다. 나라에 다리가 셋인 기형 닭이 나왔습니다. 당연히 그럴 수 있죠. 그런데 신하들은 왕을 몰아붙였습니다. 왕이 왕비의 말만 들으니까 그렇게 하지 말라고 하늘이 내린 징조라고 말입니다. 왕이 아무리 그렇지 않다고 해도 그들은 그렇다고 우겼습니다. 할 수 없이 왕이 '내가 잘못했소'라고 한 후에야 끝을 볼 수 있었습니다. 숙종 때도 신하들의 하극상은 여전했습니다. 당시 숙종을 배경으로 쓴 김만중의 『사씨남정기』가 베스트셀러가 되었습니다. 숙종은 화가 나서 김만중을 문초하려고 승정원에 전지(傳旨)를 쓰라고 명했습니다. 승정원에서는 이것을 거부했습니다. 왕이 다시 명하자 승지가 붓이 없어서 못 쓴다고 했습니다. 숙종이 옆에 사관에게 붓을 주어 쓰게 하라고 명하자 사관은 개인용 붓이라서 못 빌려 준다고 했습니다. 진짜 그랬을까 싶죠? 지배층들은 편견과 아집의 결정체였습니다.

당시 지배층은 모두 유학으로 다져졌고 중국을 상국(上國)으로 섬겼습니다. "한국의 것이 세계적인 것이여!"라는 개념은 멀리 출장 갔던 때였습니다. 음악에서도 예외가 아니었죠. 그들에게는 중국음악만이 최고였습니다. 진짜 중국음악이 그들 입맛에 맞아서 그랬는지 아니면 허세로 그랬는지 알 수 없지만 중국음악만이 진짜라고 생각했습니다. 그 역시 그들만의 편견이었죠.

16세기 초에 활동한 악공 강장손은 거문고 연주의 명인으로 불렸습니다. 마침 그 당시에 중국에서 '귀거래사'라는 유명한 곡이 조선에 들어왔습니다. 이 곡은 좋았지만 중국의 것이라서 우리나라 사람의 정서에는 맞지 않았습니다. 거문고 명인 강장손이 연주했는데도 듣는 사람들의 반응은 시원찮았죠. 명곡인데 졸리고 왜 느낌이 오지 않은 것일까요. 강장손은 이건 아니다 싶었습니다. 음악은 느낌이 있어야 하는데… 그는 생각 끝에 중국 '귀거래사'를 우리 정서에 맞게 살짝 손보기로 했습니다. 일종의 편곡이었죠.

강장손이 바꾼 귀거래사는 확실히 달랐습니다. 그가 편곡한 그의 귀거래사를 연주했을 때 사람들 반응은 폭발적이었습니다. 그 느낌을 금방 알았고 듣는 사람마다 너무나 좋아했습니다. 다른 연주자들도 마찬가지였습니다. 강장손의 귀거래사를 듣자마자 좋다며 강장손의 귀거래사를 흉내 내고 따라 연주했습니다. 삽시간에 강장손의 귀거래사가 전국을 휩쓸었고 귀거래사 하면 강장손으로 통했습니다. 이런 소문이 중국밖에 모르던 장악원 제조 이장곤(1474~?)의 귀에도 들어갔습니다. 장악원은 그 당시 국가 모든 음악과 무용을 담당하는 관청으로, 이장곤은 그곳 책임자였습니다. 깜짝 놀란 이장곤은 당장 강장손을 불러 문초했습니다.

"네가 강장손이냐?"

"예, 제가 강장손입니다."

"듣자니 네가 귀거래사를 잘 연주한다던데 한번 해 봐라."

순진한 강장손, 눈치 없이 자기가 편곡한 곡조로 연주해 버렸습니다. 강장손의 귀거래사를 몇 마디들은 이장곤은 즉시 연주를 멈추게 하고 화를 내며 소리쳤습니다.

"저놈을 끌어내려 곤장 80대를 쳐라! 네가 감히 마음대로 거짓 음악을 만들어 사람을 미혹시켜?"

우리나라 감성에 맞게 고쳤을 뿐인데 거짓 음악이요, 미혹시키는 음악이라고 곤장 80대를 치라고 합니다. 감히 상국(上國)의 음악을 어떻게 마음대로 고칠 수 있느냐는 말입니다. 중국 것은 진짜, 조선 것은 가짜라니 정말 한 대 때려주고 싶지 않습니까? 결국 음악에 대한 그들의 무식한 편견으로 조선 최고의 악공 강장손은 세상을 뜨고 말았습니다. 거문고 명인의 참으로 허망한 죽음이었습니다. 그토록 대단한 음악인이 오래 살았다면 얼마나 좋았을까요? 어디 당시 강장손처럼 자신의 재능을 펼치지 못하고 간 사람이 한둘이었을까요? 그들이 맘껏 자신의 재능을 펼칠 수 있었다면 얼마나 좋았을까요? 그랬다면 우리나라에서도 모차르트도 나오고 베토벤도 나오고 슈베르트도 나오지 않았을까요? 오늘날의 K팝이 조선시대부터 시작되지 않았을까요? 그렇지만 지배층의 편견으로 우리나라 음악은 그 싹이 싹둑싹둑 잘려버리고 말았습니다.

어리석은 사람은 자신의 행실만이 옳게 여긴다고 했습니다. 편견에 빠지면 자기도 모르게 어리석어지고 자기만 옳다고 주장하게 됩니다. 자기의 편견의 잣대로 다른 사람을 판단하고 비판합니다. 예수님은 비판을 일삼는 사람들에게 "자신 눈 속에 있는 들보를 먼저 빼라"고 말씀하셨습니다. 제대로 판단하려면 자기 속에 있는 편견의 들보를 빼야 합니다. 편견을 가지고는 아무리 옳은 판단도 잘못된 판단이 될 수밖에 없습니다. 항상 틀리는 것이죠.

군대에서 사격을 할 때 가장 먼저 하는 것이 있습니다. 영점 사격입니다. 영점 사격은 세 발을 쏘는데, 조준점을 영으로 만들어 사격할 때 치우침이 없도록 조정하기 위한 것입니다. 영점이 틀리면 아무리 정조준해도 총알이 다른 곳으로 나갑니다. 내 표적에 쏘았는데 상대방의 표적에 맞습니다. 사격하다가 나는 세 발 쏘았는데 여섯 발이 맞아 있는 표적을 본 적도 있습니다. 편견에 빠진 사람은 영점 잡지 못한 총과 같습니다. 정확히 판단하고 말해도 잘못 맞습니다. 좋은 말인데도 상대방은 피를 흘리는 고통을 느끼게 합니다. 어떻게 해야 할까요? 먼저 판단의 영점을 잡으세요.

대접받는 나를 만드는 것

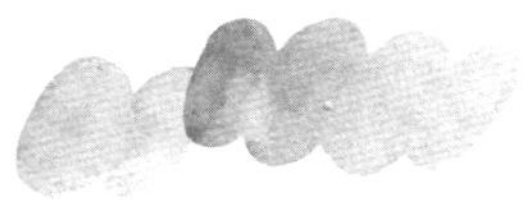

대접받는 것은 누구나 좋아합니다. 그럼에도 불구하고 어떤 사람은 대접받고 어떤 사람은 홀대를 받습니다. 물론 "남에게 대접받고자 하는 대로 너희도 남을 대접하라"는 예수님의 말씀이 이루어진다면 누구나 귀한 대접을 받겠지만 현실은 그렇지 못합니다. 타의가 아니면 자의로 대접받는 방법밖에 없는 것이지요. 그러면 대접받는 나를 만들려면 어떻게 해야 할까요?

조선시대 김영이란 사람이 있었습니다. 평범한 농부의 가정에 태어난 그는 어릴 때 부모를 여의어서 고아로 떠돌며 살았습니다. 생김새도 변변치 않았고 하는 말도 사람들이 잘 못 알아먹을 정도로 어눌했습니다. 재능이라면 산술을 유독 좋아하고 잘했다는 것이었을까요? 사람들에게 그다지 대접받을 입장이 못 되었지요. 그런데 김영이 자신을 대접받는 사람으로 바꾸어 버렸습니다. 조선의 최고의 역상산술가가 되었고 벼슬도 종6품에 다다랐던 것입니다. 그 과정은 이렇습니다.

김영이 대접받는 사람으로의 시작은 우연처럼 『기하원본(幾何原本)1』이란 책을 대하면서부터였습니다. 이 책은 유클리드의 책을 번역한 것인데 그 내용이 김영의 호기심을 자극했던 것입니다. 원래 산술을 좋아하고 잘했으니 그럴 만도 했겠지요. 하지만『기하원본(幾何原本)1』은 생전 처음 본 것으로 그 용어나 개념조차 알 수 없었습니다. 가르쳐 줄 스승을 찾았지만 아는 사람이 아무도 없었죠. 할 수 없이 김영은 이 책을 독학으로 공부해야 했고 그것을 토대로 역상산수 연구를 시작했습니다. 아무것도 모르는 상황에서 책을 이해하고 천문을 연구해야 했기에 그의 연구 세월은 뼈를 깎는 고통과 인내가 따라야 했습니다. 하지만 그것 외에 다른 길은 없었죠.

그는 한겨울에 불도 안 땐 냉골 방에서도 한여름에 부채 하나 없는 한증막 같은 방에서도 연구만 했습니다. 밤이 오는지 가는지, 계절이 오는지 가는지도 몰랐고 그의 머릿속엔 오직 역상산수 밖에 없었죠. 너무나 어렵고 힘들어서 머리를 쥐어뜯으면서도 다시 연구로 되돌아갔던 적이 얼마였던가요! 그런지 16년이 지난 어느 날이었습니다. 천체 운행 법칙이 환하게 깨달아졌습니다. 깊고 어두운 굴속에서 세상 밖으로 나온 기분이었죠. 김영의 제자 홍길주는 그의 스승에 대해 이렇게 썼습니다.

혼자 '기하원본'이라는 책 한 권을 가져다가 읽은 뒤 그 이치를 모두 터득하여 천체 운행을 따지는 역상산수(歷象算數)에서 더 이상 익힐 것이 없게 되었다. 역상산수에서만은 조선 천하에 김영을 따를 자가 없었다.

장장 16년이란 시간을 몰두하고 연구한 성과였습니다. 끔찍하게 힘든 고통과 인내의 세월이었지만 그 16년간의 노력은 김영을 완전히 바꾸어 버렸습니다. 일반인에서 최고의 전문가가 되게 했고 대접받지 못한 사람에서 대접받는 사람이 되게 했으니까요. 주머니 속의 송곳처럼 김영의 실력은 금방 사람들에게 알려졌습니다. 마침 관상감 제조로 있던 서호수의 눈에 띄었고 서호수는 그를 영의정인 홍낙성에게 추천해 주었습니다. 홍낙성 또한 김영을 그의 손자인 홍길주를 가르치게 했다가 그의 실력을 알아보고 정조왕에게 천거해 주었습니다. 당시 개혁 군주로 소문난 정조왕은 새로운 인재 소식에 당장 김영을 불러들였습니다. 김영의 탁월성을 알아보는 데는 그와 몇 마디 해 본 것으로 충분했습니다. 과연 김영의 실력은 그 방면에서 조선 최고였죠. 정조는 나중에 김영을 사도세자 이장에 관여하게 했고 그 공로로 그를 관상감의 역관으로 임명했습니다. 관상감은 천문과 지리를 비롯해 달력, 날씨, 시간

등을 맡아보는 관청이었습니다.

김영이 무시험으로 관상감 역관임명되었다는 소문은 관상감을 벌집쑤셔 놓은 듯 시끄럽게 했습니다. 다들 어렵다는 과거시험을 치르고 관상감에 들어왔는데 "무시험이 웬 말이냐!"이겁니다. 김영의 실력에 비하면 사실 대단한 자리도 아닌데, 아닌 것은 아니었나요? 관상감 사람들은 왕의 임명에도 불구하고 거세게 반발했고 당장 김영의 임명을 취하해 달라는 요청이 쇄도했습니다. 하지만 정조는 그들의 거센 항의에 단 한마디로 거절했습니다.

"실력 있는 김영은 예외요."

무시험으로 역관이 된 김영의 관상감 생활은 가시밭길을 걷는 듯했습니다. 관상감 사람들은 김영이 들어오자마자 구박하기 시작했으니까요. 그들은 김영을 구박하기 위해 태어난 사람들인 양 김영을 구박해 댔습니다. 그가 하는 일마다 트집 잡고 욕하고 괴롭히고 심지어 때리기도 했습니다. 예전이나 지금이나 그놈의 '괴롭힘' 현상은 똑같습니다. 집단적인 따돌림과 괴롭힘에 김영은 하루를 사는 것이 천년을 사는 듯이 괴로웠습니다. 직장이, 직장이 아니라 지옥 같았죠. 누구 하나 따뜻한 말 한마디 해주는 사람이 없었고 욕을 먹고 매를 맞으며 홀로 버텨야만 했습니다.

그렇지만 거꾸로 매달려 있어도 시간은 간다는 말처럼 시간은 흘러갔고 김영의 실력은 점점 관상감 사람들에게 알려지게 되었습니다. 그들이 풀지 못한 어려운 문제들을 김영이 풀어냈기 때문입니다. 그들은 구박하고 때리면서도 어려운 문제를 봉착하면 김영을 찾아야만 했죠. 김영은 그럴 때마다 어려운 문제들을 척척 풀어냈고 그들에게 점점 '미워할 수 없는 너', '필수적인 너'가 되어가고 있었습니다. 어느 때인가 모르게 김영을 대하는 구박이 약해졌고 결국엔 김영을 그들의 동료로 받아들일 수밖에 없었죠. 김영의 존재는 독보적이 되었고 특별히 보고서가 왕 앞에 가기라도 치면 김영을 거치지 않고는 불안해할 정도가 되었습니다. 그렇게 김영은 최고의 전문가가 되어 자신을 스스로 대접받는 사람이 되게 했던 것입니다.

이런 결과를 이루어 낸 비결은 무엇이었습니까? 단순하게도, 끊임없는 노력이었습니다. 무쏘같이 지치지 않고 돌진했던 노력 말입니다. 그 노력이 그냥 생긴 대로 살았다면 얻지 못했을 지위를 얻게 하고 대접받는 인생을 살게 했던 것입니다. 누가 부모도 없이 가난 속에서 행색도 꾀죄죄하고 말도 제대로 못했던 김영이 그런 대접을 받을 것이라고 생각했겠습니까! 오래전에 이렇게 노래한 가수가 있었습니다.

"안 되는 일 없단다 노력하면은! 쨍하고 해 뜰 날 돌아온단다."

노력이 뭐라고 안 되는 일이 아주 없겠습니까. 안 되는 것도 당연히 있겠죠. 그렇지만 그 노력만으로 김영처럼 엄청난 업적을 이룬 사람이 얼마나 많습니까? 주변에서 쉽게 찾아볼 수 있지 않습니까? 어릴 때 어른들에게서 이런 소리를 많이 들었습니다.

"노력하는 사람이 머리 좋은 사람 이긴단다."

머리 좋은 것보다 노력이 더 중요하다! 다들 이렇게 말했습니다. 어떤 이는 머리 나빠서 노력해도 소용없다고 하는데 세상 사람들은 그렇게 생각지 않은가 봅니다. 사실 실제로 머리 좋다고 머리만 믿고 놀다가 실패한 사람이 한둘도 아니고요. 왜 머리보다 노력을 앞세우고 노력하면 다 된다고 말들 할까요? 살면서 직접 그런 일을 많이 보았기 때문 아니겠습니까? 노력, 노력하니까 지겨울지도 모르겠네요. 하지만 생각해 보세요. '노력하면 된다'는 말처럼 희소식이 어디 있겠습니까? 누군가 당신에게 이렇게 말했다고 가정해 봅시다.

"넌, 머리도 나쁘고 돈도 없고 재주도 부족하니까 노력해 봐야 소용없어. 그냥 생긴 대로 살아"

머리 나쁘고 돈이 없는 것도 서러운데 노력해도 소용없다니요!

이런 말에 "그래, 나는 안 돼, 재주도 돈도 배경도 없잖아! 그냥 생긴 대로 놀아야 해"라며 옴메 기죽어 버리는 사람이 있을까요? 백이면 백, "아니 그렇다고 꼭 그렇게 말해야 됩니까?"라며 대들지 않겠어요? 정작 노력하기는 싫어하면서도 노력해도 안 된다는 말을 들으면 기분이 나쁩니다. 그래요. '노력하면 된다'는 말은 정말 아무것도 없는 사람에게 희망이요 활력입니다.

이렇게 말해도 꼭 "그래도 김영은 기본 머리가 됐으니까 노력해도 된 거죠!"라며 반항하는 사람이 있습니다. 김영은 산술을 좋아했고 산술이라도 잘했으니까 노력해도 되었다는 얘기를 하고 싶은 것이겠죠. 그래요, 그렇다 치고 그러면 진짜 노력해도 안 될 것 같은 사람이 노력해서 되었다면 어떨까요?

이 사람은 조선 중기에 살았던 백곡 김득신입니다. 김득신은 집안이 좋았지만 어릴 때 천연두에 걸려서 머리가 엄청 나빠졌습니다. 지능 지수가 속된 말로 붕어 대가리 수준이 되었던 것입니다. 금방 책을 읽어도 돌아서면 잊어버렸습니다. 영화에 나오는 물고기 '도리(Dory)' 같았죠. 얼마나 머리가 나쁜지 책 한 권을 떼려면 적게 읽어도 1만 독을 해야 했습니다. 그가 괜히 독서광이라고 불린 것이 아니었습니다. 한번은 그의 하인이랑 말을 타고 길을 가는데 어디서 글을 읽는 소리가 들렸습니다. 그 소리를 듣고 김득신이 옆에 있던 하인에게 말했습니다.

"허허, 글 읽는 소리가 엄청 익숙한 건데 무슨 글인지 생각이 안 나는구나"

"저것은 나으리가 맨날 읽어서 소인도 아는데, 정말 모르세요?"

그 글은 김득신이 11만 1천 번이나 읽은 『백이전』이었습니다. 그런 머리로 공부를 한다니 주변 사람들이라고 가만있었겠습니까? 다들 그만두라고 말렸죠. 사람들은 노력해도 절대 안 될 사람이 있다면 그 사람이 김득신이라고 생각했던 것입니다. 하지만 김득신만은 자기 자신을 그렇게 보지 않았습니다. 사람들이 아무리 말려도 글공부를 포기하지 않았죠. 모르면 알 때까지 반복하고 반복했습니다.

그의 열심과 달리 딸리는 머리는 어쩔 수 없었죠. 터득하는 것이 다른 사람보다 항상 늦었습니다. 열 살이 되어서야 글공부를 시작했는데 스무 살에 겨우 글을 지었습니다. 서른아홉 살에 그나마 사마시(司馬試)에 합격하여 진사가 되었고 대과에 합격한 나이는 무려 쉰아홉 살이었습니다. 다른 사람들은 은퇴할 나이에 공무원 시험에 합격했던 것입니다. 그래도 그 나이에라도 대과 합격이니 박수! 김득신의 노력은 거기서 멈추지 않았습니다. 그는 시(時)를 배우고 시를 짓기 시작했습니다. 그 노력은 결실하여 뒤늦게 시작한 시였지만 그가 지은 시에 사람마다 감동을 받았고 좋아했습니다. 언젠가부터 사람들은 그를 최고의 시인이라고 칭찬하기 시작했죠. 한문의 대가인 택당(澤堂) 이식(李植) 또한 김득신을 당대 최고의 시인이라고 평가할 정도였으니 그의 노력은 놀랍지 않을 수 없습니다. 지독하게도 머리 나쁜 사람이 이룬 업적치고는 너무나 대단한 것 아닙니까? 나쁜 머리로 사람들에게 바보 취급받다가 끝났을 수도 있었는데 김득신은 벼슬도 했고 최고 시인이라는 찬사도 얻어냈습니다. 오직 노력만으로 자신을 대접받는 사람으로 만들어냈던 것입니다. 김득신은 그가 죽기 전에 이런 묘비명을 남겼습니다.

"재주가 남만 못하다고 스스로 한계를 짓지 말라. 나보다 어리석고 둔한 사람도 없겠지만 결국에는 이룸이 있었다. 모든 것은 힘쓰는 데 달렸을 따름이다."

김득신이 자기 자신을 귀한 대접받게 했던 비결이 무엇이었다고 말하는 것입니까? 자신의 재주를 한계를 짓지 않고 힘쓴 결과였다는 것입니다. 상상을 초월할 만큼 무서운 집념과 노력이었죠. 아무리 능력이 대단해도 한계를 지어 버리면 그것으로 끝납니다.

자동차 기능 중에 '크루즈'라는 기능이 있습니다. 이 기능은 주행 중에 일정한 속도로 설정하면 계속 같은 속도로 가게 하는 기능입니다. 시속 80Km로 설정하면 계속 80Km로 가고, 120Km로 하면 120Km로, 70km 하면 70km고 쭉 갑니다. 아무리 시속 300Km

를 달릴 수 있는 자동차라도 70Km로 설정해두면 그 속도로밖에 못 냅니다. 이런 것이 한계 짓는다는 의미입니다.

전교에서 줄곧 1, 2등만 하는 학생이 있었습니다. 그는 공부를 잘해서 줄곧 자신이 꽤 좋은 머리를 가진 수재라고 생각했습니다. 어느 날 이 학생이 교무실을 갔다가 선생님 책상 위에 놓인 자기 반 학생들 지능지수란을 보았습니다. 자신의 지능지수를 보니 105였습니다. 충격받았습니다. 이제껏 지능지수가 최소 140 이상은 될 것이라고 믿었는데 겨우 105라니요. 순간 실망감에 기가 팍 죽어 버렸습니다. 그 후로 어떻게 되었을까요? 그 학생의 성적은 쭉쭉 내려가기 시작했고 더 이상 전교 1, 2등 안에 들지 못했습니다. 왜 그랬던 것일까요? 자신을 공부 못하는 아이로 한계 지어 버렸기 때문입니다. 한계를 지어 버리니 더 이상 이전처럼 공부를 하지도 않았고요.

'한계 짓는다'는 얘기가 단지 공부 이야기뿐일까요? 삶도 마찬가지입니다. 환경이 안 좋다고 그 환경에 한계 지어 버리면 역시 그렇게밖에 못 삽니다. 이미 한계 속에 자신을 가두어 버렸기 때문입니다. 노력은 당연히 하지 않게 되죠.

세상은 점점 운명론에 빠져들고 있습니다. 사람들은 '개천에서 용 난다'는 말은 옛말이 되었다며 푸념합니다. 돈 없고 스펙 없는 사람은 그저 삼류 인생밖에 살 수 없다고 단정하는 사람도 있습니다. 정말 그럴까요? 금수저도 아니고 비상한 머리도 아니고 탁월한 재능도 없다면 가능성도 없는 것입니까? 노력해도 안 되는 것입니까? 그래서 무시 받고 푸대접받고 사는 것이 당연한 것입니까? 김영과 김득신은 한목소리로 결코 그렇지 않다고 말합니다. 자신들을 보라고 말입니다.

세월이 수백 년이 흘렀다고 해도 원리는 달라지지 않습니다. 김영과 김득신이 살았던 시대가 오늘날보다 살기 좋았다고요? 그때는 그냥 대충 노력해도 살 만했다고요? 결코 그런 시대는 없었습니다. 어느 시대이든 힘들었고 끊임없는 다른 삶을 살기 위해서는 힘든 노력이 따라야 했습니다.

대접받으려면 자신을 가치 있게 만들어야 하고 자신을 가치 있게 만들려면 노력해야 합니다. 백 년 전에도 그랬고 오백 년 전에도 그랬고 지금도 그렇습니다. 사람들이 찬탄을 하며 귀하게 대접받는 멋진 예술품들을 보십시오. 어느 것 하나 저절로 된 것이 없습니다. 작가의 고된 땀방울과 끈질긴 노력의 결과물들이죠. 무엇인가가 대접받고 있다면 다 그만한 이유가 있는 것입니다.

생사를 가른 말 한마디

'천 냥 빚도 한마디 말로 갚는다' '칼은 몸만 죽이지만 말은 영혼까지 죽일 수 있다' '오는 말이 고와야 가는 말도 곱다'는 모두 말에 관한 격언들입니다. 말은 단지 세 치 혀로 만들어지지만 그 힘은 대단하여 생사를 가르기도 합니다.

중국 위나라 문왕 때였습니다. 나라 변경에 툭하면 외부 적들이 소란을 피워서 골치가 아팠습니다. 여러 해 동안 반복되는 침입에 참다못한 문왕은 군대를 보내어 그 지역을 평정해 버렸습니다. 그때 평정한 중산 지역을 자기 아들에게 주고는 큰 잔치를 열었습니다. 잔치를 한창일 때 문왕이 별안간 신하들에게 자기를 어떻게 생각하는지 물어봤습니다. 왕을 어떻게 생각하느냐라니! 뻔한 답 아니겠습니까? 왕의 질문에 눈치 빠른 신하 하나가 얼른 대답했습니다.

"전하는 참으로 어진 임금이십니다."

딩동댕! 이에 질세라 다른 신하들도 그 말을 앵무새처럼 따라 했습니다. 신하들의 형식적인 칭찬에 낯간지러운 줄도 모르고 문왕이 흐뭇해하고 있었죠. 그때 중신 임좌(任座)가 찬물을 확 끼얹어 버렸습니다.

"전하는 참으로 한심한 왕입니다. 전하 때문에 왕이 되지 못한 동생들도 있는데 새로 정복한 땅은 아들에게 주셨습니다. 어찌 이것이 욕심이 아니며, 어찌 이것을 어질다고 할 수 있겠습니까!"

이 말을 끝내자마자 임좌는 자리를 박차고 나가 버렸습니다. 마치 정지 버튼을 누른 듯 모든 것이 정지되고 찬바람만 쌩 불어왔죠. 왕의 면전에서 한심한 왕이라니요! 모두 멍하니 눈치만 살피고 있었습니다. 삐쭘해진 왕이 측근 책황에게 살며시 물어봤습니다.

"책황, 내가 진짜 그렇게 나쁜 왕이냐?"
"그럴 리가요. 전하는 참으로 어진 왕이십니다."
"내가 왜 어진 왕인데!"

"옛말에 임금이 어질면 신하가 곧다고 하지 않았습니까? 신하인 임좌가 곧게 말하고 행동하니 임금께서 어진 증거 아니겠습니까!"

임금이 어질고 좋으니까 신하가 할 말은 할 수 있어서 그렇다고 하니 이게 칭찬인지 욕인지 당최 아리송합니다. 웃어야 할까, 울어야 할까. 기발한 책황의 답변에 왕은 괜히 멋쩍어져 한바탕 웃어버리고 잔치를 이어가게 했습니다. 말 한마디의 위력입니다. '사람은 그 입의 대답으로 말미암아 기쁨을 얻나니 때에 맞는 말이 얼마나 아름다운고!'(잠15:23)라는 말이 책황에게 해당된 것이 아닐까요? 신하가 만인이 보는 앞에서 왕을 대놓고 무시해 버렸으니 목이 열 개라도 모자랄 판이었으니까요. 책황의 때에 맞는 기막힌 말 한마디가 왕의 체면도 세워주고 신하의 목숨도 구해냈던 것입니다.

중국 한나라 유방이 천하를 통일하고 논공행상을 하는 자리였습니다. 유수한 대신들이 모여 공적에 따라 상을 받았습니다. 도중에 문득 유방은 대장군 한신에게 물었습니다.

"한신 장군은 백만 대군을 거느릴 수 있다고 보는데, 장군 자신은 어떻게 생각하시오?"

"신의 경우는 백만 대군이 아니라 다다익선이옵니다."

"많을수록 좋다? 그러면 나는 군사를 얼마나 거느릴 수 있다고 보오?"

"매우 죄송한 말씀이오나 폐하께서는 10만인 줄로 아뢰옵니다."

이 말에 모든 신하들은 초긴장했습니다. 자신은 많을수록 좋다고 하면서 황제는 겨우 10만의 병력을 거느릴 능력이라니요. 대놓고 황제를 깔아뭉갠 것 아닙니까? 유방은 순간 안색이 변했으나 금방 추스르고 미소를 지으면서 다시 조용히 물어봤습니다.

"한신 장군은 군사를 얼마든지 거느릴 수 있어도 나는 겨우 10만밖에 거느릴 능력이 없다면 한신 장군은 어찌하여 나의 신하가 되었소?"

그러자 한신이 차분하게 대답했습니다.

"신은 병사들의 장수가 될 소질은 풍부하여도 장수들의 장수가 될 소질은 조금도 없습니다. 폐하께서는 병사들의 장수는 못 되어도 장군들의 장수가 될 소질은 풍부하게 타고나셨습니다. 그러니 어찌 신이 폐하의 신하가 되지 않을 수 있겠습니까?"

황제 유방은 무릎을 치며 감탄했습니다. 역시 한신이었습니다. 참으로 멋들어진 대답 아닙니까? 그런데 한신은 그 말이 나중에 자신에게 칼이 되어 돌아올지 몰랐습니다. 그때 유방은 마음속으로 이런 생각을 했기 때문입니다.

“한신이야말로 언제 무슨 일을 일으킬지 모르는 무서운 존재로구나. 이제 앞으로는 한신에게 대해서만은 배반을 못 하도록 각별한 견제를 해나가야 하겠다.”

그냥 소신껏 했던 말이었지만 한신의 말은 유방의 마음속에 불안과 의심을 싹트게 했고 불행을 잉태하게 했습니다. 그냥 의례적으로 황제를 치켜세웠으면 되었을 텐데 너무나 솔직했던 것일까요? 아니면 황제에 대한 믿음이 너무나 컸었던 것일까요? 훗날 한신이 죽임을 당하면서도 그 시작이 지난날 뱉었던 자신의 말 때문이었음을 알기는 했을까요? 말은 세 치의 혀로 만들어지지만 배의 키처럼 삶을 좌우할 정도로 큰 힘이 있습니다.

우리가 하는 말은 우리의 삶에도 지대한 영향력이 있습니다. 그 말을 하나님이 들으시고 그 말대로 행해주시기 때문입니다. 출애굽 후 광야에 있던 이스라엘 백성이 그 증거죠.

가나안 땅을 바라보는 지점에서 그들은 말을 잘못했습니다. 이제 막 들어가서 차지하라고 했는데 “못 들어간다. 우린 죽었다”고 내내 원망하며 통곡했으니까요. 순전히 불신에서 나온 그들의 말들이었죠. 그때 하나님이 나타나셔서 이렇게 말씀하셨습니다.

"너희 말이 내 귀에 들린 대로 내가 너희에게 행하겠다."(민14:28)

맹세로 보장한 말씀이었습니다. 얼마나 하나님께서 기분 나쁘셨으면 그렇게 행해주겠다고 말씀하셨을까요? 진짜 그 당시 20세 이상의 사람들은 가나안 땅은 들어가지 못한 채 광야만 돌다가 죽어갔습니다. 그들이 했던 말대로 된 것입니다.

사람에게든 하나님에게든 우리가 하는 말은 무엇보다 중요합니다. 때에 맞춘 말 한마디로 다른 사람을 살릴 수도 있고 함부로 한 말 한마디로 죽음으로 치닫기도 합니다. 보이지 않는 말이지만 그 능력은 무엇보다 강합니다.

나는 어디로 가고

옛날에 술을 좋아하는 사람이 친구와 길을 가다가 주막에서 술을 마셨습니다. 한 잔 두 잔 먹다 보니 정신 줄을 놓았습니다. 함께 있던 친구가 장난기가 발동하여 술 먹고 곯아떨어진 친구의 머리를 빡빡 밀어 버렸습니다. 그리고는 일찍 일어나 자기 길을 가 버렸지요. 빡빡 밀린 친구가 잠에서 깨어 보니 머리가 허전했습니다. 얼른 일어나 거울을 쳐다보니 반들반들하게 빡빡머리 한 사람이 앉아있었습니다. 물끄러미 거울을 보다 혼잣말을 했습니다.

"나는 어디로 가고 중이 하나 앉아 있나…"

내가 어디로 갔겠습니까? 나는 늘 그 자리에 있죠. 모양이 변했을 뿐. 모양이 바뀐다고 금이 아닙니까? 어디 있든, 어떻게 변하든

금은 금이죠. 나 자신도 마찬가지입니다. 나는 항상 나입니다. 그런데 언젠가 문득 나를 보니 내가 없습니다. 누군가가 살짝 치켜세워 주면 하늘을 뚫고 올라갔다가도 깎아내리는 한마디에 지구를 뚫고 내려갑니다. 돈 있으면 돈 있어서 내가 사라지고, 돈 없으면 돈 없어서 내가 사라집니다. 지위가 높아지면 높아져서, 낮아지면 낮아져서 내가 없어져 버립니다. 한 마리 살찐 황소가 들판에서 한가로이 풀을 뜯어 먹고 있었습니다. 저만치에 배고픈 사자가 황소를 바라보고 있었죠. 황소를 잡아먹고 싶었지만 황소 뿔이 두려워 감히 접근을 못 하고 있었습니다. 사자가 한 가지 꾀를 내어 황소에게 다가가서 말했습니다.

"황소야 너는 어쩌면 그렇게 멋지게 생겼니? 떡 벌어진 어깨에 누구도 건들지 못할 것 같은 튼튼하고 강한 두 다리와 발굽, 정말로 너무 부럽구나."

황소는 사자의 칭찬에 어깨를 으쓱해 보였습니다. 사자는 기회다 싶어 한마디 덧붙였습니다.

"근데 말이야, 딱 한 가지 걸리는 것이 있네. 두 뿔! 볼품없이 툭 튀어나와서 머리만 무겁게 하고… 뿔만 아니면 넌 완벽할 텐데…"

사자가 떠나고 황소의 머릿속엔 금방 사자가 한 말만 남았습니다. 사자의 말을 듣고 보니 자신의 뿔이 정말 볼품없고 마음에 안 들었습니다. 그만 뿔이 싫어졌습니다. 갑자기 황소는 바위로 돌진하여 두 뿔을 부러뜨려 버렸습니다.

"야! 드디어, 거추장스럽고 볼품없는 걸 없애 버렸네."

황소가 뿔이 빠진 자신을 감탄하고 있을 때였습니다. 숨어 지켜보던 검은 그림자가 황소를 덮쳐왔습니다. 굶주린 사자였죠. 황소는 그날 사자의 배를 채워주는 맛있는 식사 거리가 되고 말았습니다. 황소가 사자의 먹잇감이 된 것은 뿔이 없어서가 아니라 자기 자신을 잃어버렸기 때문입니다. 사자의 말에 장단만 맞추지 않았어도 되었을 텐데 자기 것이 없으니 남의 말에 춤을 춥니다. 사람들도 끊임없이 사자의 속삭임을 듣습니다. 달콤한 부추김뿐 아니라 비수 같은 비난도 듣습니다. 변덕스러운 사람들인지라 그저 자신의 기분과 이득에 따라 제멋대로 말하는데 그런 소리를 들으면 마음이 흔들립니다. 자기 자신의 진정한 모습을 잃어버립니다.

예수님도 공생애를 사실 때 사람들에게 별말을 다 들으셨습니다. 왕같이 치켜세우는 말로부터 귀신이 들렸다고 깔아뭉개 버리는 말까지 천차만별이었습니다. 그렇지만 예수님께서는 항상 자기 자신이셨습니다. 그들의 말에 들떠서 우쭐해하거나 의기소침해서 우울해하신 일이 없으셨죠. 사람들의 변덕스러움을 아셨기에 사람들에게 자신을 의탁하지도 않으셨습니다. 사람들이 흔들리는 까닭은 들리는 말 때문이 아니라 자기 자신이 든든히 서 있지 못했기 때문입니다.

모든 사람이 좋아하는 그림을 그리고 싶은 화가가 있었습니다. 그는 항상 사람들의 말에 귀를 기울이며 그림을 그렸습니다. 그렇지만 아무리 잘 그려도 비판하는 사람을 피할 수 없었습니다. 어느 날 화가는 그림 한 장을 가지고 거리로 나갔습니다. 사람들이 많이 다니는 거리에 그림을 세워놓은 후 지나가는 사람들에게 마음에 안 드는 부분을 표시해 달라고 했습니다. 시간이 지나 그림을 봤더니 지적되지 않은 부분이 한 군데도 없었습니다. 기분이 나빴습니다.

그다음 날에도 화가는 다시 똑같은 그림을 가지고 거리에 나갔습니다. 이번에는 지나가는 사람들에게 맘에 드는 부분을 표시해 달라고 했습니다. 시간이 지나서 가보니 온통 좋다는 표시로 가득했습니다. 화가는 깨달았습니다. 모두가 좋아하는 그림을 결코 그릴 수 없다는 것을.

그림은 똑같은데 평가는 다릅니다. 누구는 좋아하고 누구는 싫어하죠. 사람들 말에 따라 그린다면 평생을 그려도 만족한 그림을 그릴 수 없을 것입니다. 자신의 그림도 영원히 그리지 못하겠지요. 화가는 더 이상 모든 사람이 좋아하는 그림을 그리지 않기로 했습니다. 누가 뭐라고 하던 나를 잃지 않는 것이 가장 중요합니다. 그것이 나를 지키는 길입니다. 다른 사람의 말에 부러워할 것도 우쭐할 필요도 없습니다.

조선에서 가장 오래 산 왕인 영조가 자신의 사주를 봤습니다. 영조의 얼굴을 본 관상가는 그의 사주가 왕이 될 상이라고 말했습니다. 그런데 우연히 그와 똑같은 사주를 가진 노인을 만났습니다. 영조는 노인에게 물었습니다.

"그대는 나와 같은 사주인데 어째서 왕은 못 되고 이렇게 고생을 하는가?"

이 말에 노인은 태연하고 자신 있게 대답했습니다.

"작고 큼의 차이는 있으나 소인에게도 전하 못지않은 복이 있습니다. 첫째 아들 여덟 명이 있어 하루에 수백 금씩 벌어오니 전하께서 팔도강산을 가진 것과 같고요, 둘째 오대산에 꿀벌이 삼백여 통이 있어 일 년에 수백 초롱의 꿀이 쏟아져 나오니 전하께서 삼백육십 주를 가지신 것과 비슷합니다. 셋째 소인이 거느리는 벌통에는 한 통 당 수천수만의 벌들이 있으니 합치면 전하의 백성 못지않을 것이고요, 넷째 전하께서는 주야로 나라를 걱정하고 백성을 살펴야 하지만 소인은 흉년과 풍년 속에서도 꿀벌이 있고 든든한 아들 여덟이 있으니 무슨 걱정이 있겠습니까? 소인의 팔자가 전하보다 나으면 나았지 못하지는 않습니다."

이 꺾이지 않는 노인의 기세를 보소! 당찬 노인의 대답에 갑자기 영조 기가 팍 죽었습니다. 영조는 노인의 말을 듣고 고개를 끄덕이며 노인에게 벼슬은 물론 많은 하사품까지 주었습니다. 왕이 아니라서 불행할 것이라는 것은 영조의 착각이었죠. 영조와 맞짱뜬 노인, 비록 왕은 아니었지만 자신감은 왕 이상입니다. 어떻게 그 노인은 왕 앞에서도 그렇게 당당할 수 있었을까요? 자기 자신을 잃지 않았기 때문입니다.

자존감 하면 대한민국 역사에 우리 가슴을 찡하게 하는 사건이 하나 있습니다. 우리나라가 일본에 주권을 빼앗겼을 때 미국에서 살던 대한제국 사람들 이야기입니다. 당시 재미 한국인들은 일찍이 미국으로 이민하여 살고 있었는데 그곳에서 대한제국이 일본에 망했다는 소식을 들었습니다. 밑동 잘린 나무처럼 황망하였죠. 그렇지만 그들은 결코 한국인이라는 자존감을 잃지 않았습니다.

그런데 일본은 재미 한국인조차 그들의 세력권에 두려고 했습니다. 자기들이 한국을 빼앗았으니 미국에 사는 한국인도 자기들 소관이라는 논리였습니다. 재미 한국인들은 일본의 악한 시도에 즉각 반발했습니다. 대한제국이 주권을 잃었다고 해도 그들은 주권 침탈 이전에 미국으로 왔기 때문에 일본 통제를 받을 이유가 없다는 것이었죠. 일본에 대항하여 재미 한국인들은 그들이 대한제국 사람들임을 대외적으로 밝히기로 했습니다. 이 일을 이루기 위해 미국 전역에 흩어져 있던 한인 조직을 '대한인국민회'라는 이름으로 통합하여 힘을 하나로 모았습니다.

국권 침탈 3년 뒤인 1913년이었습니다. 드디어 한인 대표자들은 당시 총회장으로 있던 이대위(李大爲)의 이름으로 한국인의 입장을 성명서로 발표했고 그 제청서를 미국 정부에 공식적으로 제출했습니다. 미국 정부에서는 이 제청서를 받아들였고 미 국무부의 공식적인 입장을 발표했습니다.

〈미국 국무부 발표〉

한인은 일본인이 아니라는 대한인국민회 총회장의 서신을 받았다. 그 서신에 말하기를 '재미 한인은 대개 국권 침탈 이전에 한국을 떠난 사람들이고 국권 침탈을 인정하지 않으며 일본 정부와 관계가 없고 일본 관리의 간섭을 받지 않겠다고 하였다. 이후로부터 재미 한국인에 관계되는 일은 공사(公事)나 사사(私事)를 막론하고 일본 정부나 일본 관리를 통하지 않고 한인 사회(대한인국민회)와 교섭할 것이다.

- 1913년 7월 2일 미국 국무장관 브라이언

이 얼마나 가슴 뭉클한 이야기입니까! "나는 한국인이다"라는 사실을 잊지 않았기 때문에 만들어진 감동입니다. 나라를 잃었다고 자신이 누구인지 마저 잃어버렸다면 어떻게 이런 일이 가능했을까요? 자신이 누구인지 확실히 알고 그에 대한 자부심이 주권과 자유를 누리게 했습니다. 흔들리지 않는 평안함! 이것은 단지 어떤 침대 광고 이야기가 아닙니다. 자신만 든든히 서 있으면 어떤 것에도 흔들리지 않습니다. 외부에서 아무리 북 치고 장구 치고 난리를 쳐도 자신만 확고하면 괜찮습니다. 그렇지만 사람들은 자꾸 자신을 다른 것으로 포장하려고 합니다. 마치 복어 배처럼 자기 것도 아닌 것으로 잔뜩 부풀리려고 합니다. 점점 스스로 거짓 덩어리가 되어 갑니다. 본래의 자신이 밝혀질까 봐 두려워하면서 말입니다.

미국 워싱턴 대학 동물행동학자들이 참새 수컷들의 서열과 테스토스테론의 관계를 연구했습니다. 참고로 테스토스테론은 남성 호르몬이고 여성 호르몬은 에스트로겐입니다. 이 연구 결과 서열이 높은 수컷일수록 훨씬 더 공격적이고 테스토스테론이 많았습니다. 수컷 참새들의 가슴에 검은 털이 많을수록 서열이 높은 것이 특징이었습니다. 수컷들의 세계에서 가슴팍의 검은 깃털의 면적은 사회적 지위를 말해주는 신호였습니다. 이에 연구원들은 한 가지 재미있는 실험을 했습니다. 서열이 낮은 수컷을 잡아 매직펜으로 가슴팍 털을 검게 칠해 놓았죠. 내적으로는 낮고 약했지만 외형상으로는 사회적인 지위가 높은 참새가 되었습니다. 처음 다른 참새들이 그 참새의 검은 털 면적을 보았을 때 살살 피했습니다. 그런데 시간이 지나면서 그 참새가 약하다는 것이 알려졌고 그 사실이 확실해지자 다른 참새들의 집중공격대상이 되고 말았죠. 잠깐의 영광, 처참한 결말이었습니다.

색깔을 검게 칠한다고 본질마저 달라질까요? 나는 항상 나입니다. 비록 어느 정도는 숨길 수 있어도 영원히는 못 숨깁니다. 언젠가 자신의 실체가 드러날 때 그동안 쌓은 모든 것은 어떻게 될까요? 그 허망함과 수치심은 어떻게 해야 할까요? 진정한 자기 자신을 찾으면 쓸데없는 것으로 치장할 필요가 없습니다. 그리스도인의 진정한 멋은 말없이 드러나는 자신감입니다. 바울은 그리스도인의 진정한 모습에 대해 이렇게 썼습니다.

"무명한 자 같으나 유명한 자요 아무것도 없는 자 같으나 모든 것을 가진 자로다."(고후6:9–10)

나는 얼마짜리일까

8·90년대만 해도 동네 사진관이 많았습니다. 길을 지나다 보면 사진관 바깥 유리 안쪽에는 홍보용 사진액자들이 전시되어 있곤 했습니다. 그중에는 아기 돌 사진도 있었죠. 그런데 특이하게도 돌 사진 속의 아기들은 왕자 옷과 공주 옷을 많이 입고 있었습니다. 아버지가 왕인 사람이 많아서였을까요? 아니면 사진관에 그 옷밖에 없어서였을까요? 아마도 그들의 아들딸이 그 정도는 된다는 부모님들의 생각을 반영한 것 아니었을까요? 부모에게는 어떤 아기든 왕자님이고 공주님이었을 테니까요. 한번은 인터넷을 보다가 황당한 기사 하나를 읽었습니다.

'20억짜리 바이올린이 단돈 15만 원에도 팔리지 않다'

기사 내용은 대충 이렇습니다. 김민자 씨라는 바이올린 연주자가 있었는데 이 사람이 바이올린을 도둑맞았습니다. 그녀는 영국 왕립 음악원을 최연소 입학하여 영재로 인정받으며 바이올린을 공부해서 바이올린 연주가로 활동하고 있는 사람이었습니다. 그녀가 쓰던 바이올린은 20억이 넘는 스트라디바리우스였다고 했습니다. 그런데 그것을 햄버거 사 먹다가 도둑맞았죠. 다행히 금방 되찾았지만 그다음 내용이 좀 황당하게 했습니다. 바이올린을 훔친 도둑이 그 바이올린을 인터넷 카페에서 돈이 떨어지니까 옆 사람에게 15만 원에 팔려고 했습니다. 옆자리 남자의 반응도 만만치 않았죠. 자기 딸아이에게 리코더가 있어서 필요 없다고 사지 않았으니까요. 20억짜리 명품 바이올린이 단돈 15만 원에도 거래가 되지 않은 현장이었습니다. 왜 그런 일이 생겼을까요? 그들은 바이올린의 가치를 몰랐기 때문입니다. 가치를 모르니까 관심도 없고 거저인 듯해도 거절합니다. 그러면 사람의 가치는 얼마나 될까요? 20억일까요? 아니면 그 이상일까요? 예수님은 이렇게 말씀하셨습니다.

"사람이 만일 온 천하를 얻고도 제 목숨을 잃으면 무엇이 유익하리오. 사람이 무엇을 주고 제 목숨과 바꾸겠느냐?"(마8:37-38)

와우! 예수님은 사람의 목숨의 가치를 천하를 주고도 못 바꿀 것이라고 했습니다. 장기를 불법으로 사고파는 사람들에게야 사람의 값이 계산도 되겠지만 근본 사람의 가치는 결코 돈으로 따질 수 없습니다. 정말 비싼 '나'입니다. 아무리 비싼 것일지라도 나의 가치 앞에서는 태양 앞에 촛불처럼 별것 아닙니다. 그냥 덤 정도밖에 되지 않습니다. 커피믹스 한 박스 사면 끼워주는 텀블러나 머그잔 같은 덤 말입니다. 비싼 차 중에 부가티라는 스포츠카는 60억이 넘는다고 합니다. 그런 차들은 삐까번쩍 하고 닫히는 문소리도 다르다고 합니다. 이런 차가 옆으로 슝! 하고 지나가면 다들 한 번쯤은 쳐다보게 되죠. 그렇지만 그런 고급차도 '나'라는 가치 앞에서는 아무것도 아닙니다. 견유학파로 알려진 철학자 디오게네스는 그런 면에서 자신의 가치를 제대로 안 것 같습니다. 언젠가 디오게네스가 밖에서 얻어 온 수프를 먹고 있을 때였습니다. 그것을 본 사람이 옆에서 측은한 듯이 말했습니다.

"왕에게 조금만 아부할 줄 알아도 저런 것 안 먹어도 될 텐데…"

그러자 디오게네스가 아무렇지도 않은 듯이 대꾸했습니다.

"자네가 이런 음식을 먹을 줄만 알았다면 왕에게 아부하지 않고 살 수 있을 텐데."

어느 날 그의 제자가 이런 질문을 했습니다. 아마도 자신이 거지 같은 느낌이 들었는지 모릅니다.

"선생님, 부자와 거지의 차이가 뭡니까?"

"그야, 부자는 자기가 먹고 싶을 때 먹고 거지는 먹을 게 있어야 먹는 것이지."

디오네스는 아주 담담하게 대답했습니다. 부끄러움이나 거리낌이 없었습니다. 물론 세상 것을 배설물처럼 여기며 제멋에 사는 사람이어서 그랬겠지만 다르게 생각해 보면 그 자신의 가치를 제대로 알았기 때문 아닐까요? 디오게네스는 아무것도 가지지 않았지만 그 자신만으로 당당했고 부러울 것이 없었습니다. 알렉산더가 무슨 도와줄 것이 없겠느냐는 말에 "전하, 태양 좀 가려주지 않아 주셨으면 합니다"라고 했을 정도였으니까요.

사람들은 흔히 자신의 가치를 다른 것에서 찾으려고 합니다. 특히 자아 형성이 덜 된 어린 시절에는 외부 것에 의해 좌우되기 쉽습니다. 부자 동네에 가면 몇 평 아파트에서 사느냐가 아이들 사이에서 보이지 않는 권위이고 서열입니다. 가진 물질로 사람의 가치가 평가되어 버리는 것입니다. 내가 미국에서 유학할 때였습니다. 넓은 거실이 있는 방 두 칸짜리 아파트에서 살았습니다. 한국에서 보면 그리 좁은 집도 아닌데, 미국의 커다란 싱글하우스에 비하면 아주 작은 집이었죠. 우리 아들이 초등학교 1학년 때 한국인 부자 아이랑 같은 반이었습니다. 그 아이는 앞뒤에 마당과 정원이 있고 방 개수를 세려면 열 손가락도 모자랄 정도로 큰 집에서 살았습니다. 아마도 부잣집 아이가 우리 아들에게 자기 집 자랑을 했나 봅니다. 우리 아들은 집 자랑할 것이 전혀 없었죠. 나는 1학년인 아들에게 다음에 그 아이가 집을 자랑하면 이렇게 말해 주라고 했습니다.

"그게 네 집이냐? 네 아빠 집이지. 네가 조금이라도 번 돈 있어? 네가 부자가 아니라 네 아빠가 부자인 거지. 그런데 뭐가 그렇게 자랑할 것이라고 그러냐?"

"뭐라 카노! 아버지 돈이 아들 돈 아이가?"라고 반박하면 할 말은 없지만 아들 기죽지 말라고 정신교육을 좀 시켜 줬습니다. 그랬더니 아들이 학교에 가서 잘 써먹은 모양입니다. 부잣집 아이 엄마가 나중에 제 아내에게 그러더랍니다.

"어머, 누구누구는 어쩜 그렇게 똑똑해요? 우리 집 애가 와서 이래저래 얘기하는 거 있죠?"

집이 커서 차가 고급이라서 옷이 명품이라서 자신의 가치가 달라질까요? 자신을 빛나게 꾸며줄 수는 있지만 근본적으로 자기 자신의 가치를 바꾸어 주는 것은 아닙니다. 진정한 가치는 자기 자신이고 자기 자신에게서 나옵니다. 안 그러면 왕일지라도 무가치하게 죽을 수도 있으니까요. 유다나라에 여호람이라는 왕이 그랬습니다. 그는 여호사밧 왕의 일곱 아들 중에 맏아들이었습니다. 별로 잘난 것도 없었는데 맏아들이란 단순한 이유로 왕위를 물려받았습니다. 나머지 여섯 동생은 따로 유산을 받아 살았지요. 그런데 여호람은 무엇이 부족했는지 왕권이 강해지자 자기 동생 여섯 명과 맘에 안 드는 높은 관직의 신하들을 죽여 버렸습니다. 게다가 하나님이 싫어하시는 우상숭배는 물론 나쁜 것만 골라 했죠. 끝내 하나님의 징계를 받았고 창자에 병이 생겨 2년을 앓다가 죽고 말았습니다. 문제는 그의 죽음에 대한 평가였습니다. 성경은 여호람에 대해 이렇게 기록하고 있습니다.

'예루살렘에서 팔 년 동안 다스리다가 아끼는 자 없이 세상을 떠났으며…'(대하21:20)

한 나라의 왕이면 얼마나 부유하고 얼마나 대단한 것으로 치장하고 살았을까요? 사람이 오를 수 있는 최고의 자리, 최고의 존영을 얻는 자리 아닙니까? 그런데 그가 죽었을 때는 아무도 아까워하지 않았다고 합니다. 그냥 쓰레기나 죽은 개처럼 생각했다는 말입니다. 도대체 천하보다 귀하다는 인생을 어떻게 하면 그렇게 싸구려로 만들 수 있을까요? 한때 '아모르파티'라는 유행가가 방송가를 휩쓸었습니다. 그 노래 전주만 나와도 벌써 알아보고 사람들은 환호하며 들썩들썩했습니다. 너무나 유명해서 그 노래 가사를 찾아보았습니다.

산다는 게 다 그런 거지 / 누구나 빈손으로 와 / 소설 같은 한 편의 얘기들을 세상에 뿌리며 살지 / 인생은 지금이야 /말해 뭐해 /쏜 화살처럼 사랑도 지나갔지만 /그 추억들 눈이 부시면서도 슬펐던 행복이여 / 나이는 숫자 마음이 진짜 / 가슴이 뛰는 대로 가면 돼…

인생에 대한 정말 아름다운 시 같습니다. 인생의 신속히 지나감과 허무함과 붙잡고자 하는 갈망이 담겨 있습니다. 인생이 그렇죠 뭐. 잠시 만들어졌다가 터져버리는 물방울처럼 짧게 지나가 버리고 맙니다. 어찌 어찌하다 보니 인생이 저만치 훅 가버린 사람은 이 노래를 듣고 있으면 남은 인생이라도 후회 없이 살아야겠다는 결심이 불쑥 설 것 같습니다. 그래요. 그때부터라도 원하는 것 하고 살면 좋죠. 누구의 말처럼 몇 개월 후가 인생이 아니라 지금 이 순간만이 인생이라는데요. 그렇다고 해도 마냥 가슴 뛰는 데로만 해도 될까요?

'아모르 파티'란 말은 원래 독일 철학자 니체가 쓴 말로 '운명을 사랑하라'라는 뜻입니다. 제목은 거창한데 내용은 너무 순간에 집착하게 하는 것 아닐까요? 물론 대중가요를 가지고 윤리를 논하자는 것은 아닙니다. 그냥 노래이니 듣고 말면 그만입니다. 하지만 그것은 지금의 세태를 대변해 주는 것이 아닐까요? 미래를 생각하기보다 현재를 만끽하자는 식 말입니다.

다들 금요일 저녁이 되면 불타는 금요일이라고 폼 나게 빼입고 거리로 나섭니다. 친구를 만나고 동료를 만나고 애인을 만나서 웃고 떠들며 스트레스를 날리려고요. 테이블마다 옹기종기 앉아 먹고 마시고 얘기하고 노래합니다. 좋습니다. 한 주간 동안 지치고 힘들도록 일만 했으니 그런 때도 있어야겠지요. 그렇지만 그러한 것들은 자신의 가치를 높여 주는 것과는 아무 관계가 없음을 아시나요?

누군가 인생을 한번 밖에 읽을 수 없는 소설 같다고 했습니다. 지혜로운 사람은 인생이란 책장을 신중하게 넘기지만 어리석은 사람은 마구 넘겨 버린다고 했죠. 방방 뛰며 스트레스를 풀며 즐길 것도 좋겠지만 잠시 멈추고 자신의 인생의 책장을 신중하게 넘겨보는 것은 어떨까요? 무엇이든 올라가는 것은 어렵지만 떨어지는 것은 쉽다고 합니다. 여호람은 왕 임에도 불구하고 단 3년 만에 스스로를 무가치하게 만들어버렸습니다. 이런 일이 남 얘기만일까요? 우리들도 그렇게 될 수 있습니다. 더 많이 늦기 전에, 더 많이 자신의 가치가 떨어지기 전에 자신을 한번 돌아보는 것이 어떨까요?

눈부신 모든 날

안영옥 작가가 쓴 『돈키호테의 말』이란 책을 보면 삶의 진리를 찾는 자의 이야기가 나옵니다. 삶의 진리를 찾는 자가 길을 가다가 아담한 동산을 발견했습니다. 입구에 세워진 청동 문을 지나 안으로 들어가 보니 그곳은 묘지였습니다. 곳곳에 하얀 비석들이 세워져 있었고 그 위에는 죽은 사람의 이름과 생애가 새겨져 있었습니다.

〈8년 6개월 2주일을 살다〉, 〈5년 8개월 3주를 살다〉, 〈11년 2개월을 살다〉

웬일인지 비석에 있는 사람들은 하나같이 오래 산 사람이 없었습니다. 가장 오래 산 사람도 11년 이상을 넘지 않았습니다. 마치 아이들의 공동묘지 같아 진리를 찾는 자는 알 수 없는 슬픔에 잠겨 자기도 모를 눈물을 흘리고 있었습니다. 그때 묘지기가 와서 비석의 내력을 알려 주었습니다. 그것은 그 마을에서 내려오는 전통 때문이었습니다.

그 마을에서는 아이가 열다섯 살이 되면 부모가 작은 노트 한 권을 아이에게 줍니다. 아이는 그것을 목에 걸고 다니다가 행복하거나 즐겁거나 감격스러운 일이 있을 때마다 그 노트에 적죠. 왼쪽에는 겪은 일, 오른쪽에는 그때 지속된 감정의 시간을 적습니다. 그렇게 계속 적어 가다가 그 사람이 죽으면 그때까지 노트에 적인 모든 시간을 더해서 그 시간을 비석에 새겨 넣습니다. 그 마을 사람들은 감동이 있었던 시간만이 진정으로 살아 있는 삶이라 생각하기 때문입니다. 사람이 오래 살았어도 짧은 생애로 기록될 수밖에 없었던 이유였습니다.

'행복하고 즐겁고 감격스러운 시간만이 진정으로 살아 있는 삶이다' 이것은 어제와 오늘이 별로 다를 것이 없는 무미건조한 삶을 되돌아보게 해주는 자극제입니다. 정말 가슴 뭉클하게 감동해 본 때가 언제인지…

이 마을 전통에 따르면 나는 얼마나 살았을까 하는 생각에 내 자신에게 살짝 미안해지기도 합니다. 순간들을 느끼며 살겠다는 생각을 문득 하다가도 당장 주어진 일에 집중하다 보면 까맣게 잊어버린 적이 얼마나 많았었는지요. 눈을 뜨면 누군가 찬란하다고 말했던 그 하루가 피곤한 찌든 하루로 전락했던 것이 하루 이틀이었던가!

예전에 애니메이션 영화 <인사이드 아웃(Inside Out)>이 개봉되었습니다. 그 영화에는 사람의 주요 감정들이 주인공으로 나옵니다. 기쁨이, 슬픔이, 버럭이, 까칠이, 소심이가 그 주인공들입니다. 기쁨이와 달리 슬픔이나 버럭이는 감동적인 삶과는 동떨어져 보입니다. 특별히 슬픔이는 신발 속 모래알처럼 없애버려야 할 존재처럼 보입니다. 스스로도 그런 슬픔에 잠겨 있습니다. 그렇지만 우리의 인생이 단지 행복하고 좋은 때만이 인생일까요? 슬프고 아프고 화가 나는 때는 인생이 아닐까요? 하나님께서는 우리의 인생에 대하여 이렇게 말씀하셨습니다.

"형통한 날에는 기뻐하고 곤고한 날에는 되돌아보아라. 이 두 가지를 하나님이 병행하게 하사…"(전7:14)

하나님은 우리 인생을 형통한 날과 곤고한 날이 병행되게 하셨습니다. 일생을 좋은 날과 나쁜 날의 조합이라고 해야 할까요? 두 날 모두 인생이라고 합니다. 그런데 만약 두 날 모두가 아닌 행복하고 기쁘고 감동적인 날만 인생이라면 우리의 사는 날이 얼마나 짧아지는 것인가요. 울음 끝에 기쁨이 있고 기쁨 끝에 울음이 있는 날이 얼마나 많은데 어떻게 좋은 날만 구분해 낼 수 있을까요. 행복과 기쁨과 감동이 좋은 날에 주로 있는 것이지만 항상 그날만 있는 것은 아닙니다. 하나님께서 또 이렇게 말씀하셨으니까요.

"모든 것을 때를 따라 아름답게 하셨다."(전3:11)

마치 사계절이 철마다 아름다움이 있듯이 인생의 모든 것과 모든 날에도 아름다움이 담겨 있습니다. 좋으면 좋은 대로 나쁘면 나쁜 대로 의미가 있고 그때만 누릴 수 있는 감동이 있고 아름다움이 있습니다. 그렇지만 우리의 일상(日常)은 좋을 때보다는 나쁠 때가 많게 느껴집니다. 힘들고 지치게 하는 일상은 게으름도 없이 날마다 재깍재깍 찾아옵니다. 전업주부는 전업주부대로, 직장인은 직장인대로, 학생은 학생대로 바쁘고 고단하고 힘듭니다. 다람쥐 쳇바퀴 돌듯이 매일 빙글빙글 돌아갑니다.

직장에서 돌아와 피곤에 지쳐
저녁밥도 못 먹고 쓰러져 잠만 잤네
놀라 깨어 일어나 보니 밤 9시
〈중략〉
며칠째 하지 못한 집 안 청소를 하는데
마룻바닥에 웬 개미 한 마리
집채만 한 빵 조각을 져 나르네

자빠지고 고꾸라지고 나뒹그러지면서…

개미야, 개미야

네 외로움 내가 안다

네 서러움 내가 안다

- 양정자 「늦은 저녁에」 중에서

시인은 고된 일상에서 만난 잔잔한 감동을 전합니다. 한 가지도 힘든데 가정일, 직장 일 두 가지씩이나 해야 하니 얼마나 고단하고 힘들었을까요? 얼마나 고단했으면 직장에서 돌아오자마자 쓰러져 잠이 들었을까요? 깨어나도 이어지는 것은 여유 있는 휴식이 아니라 집안일과의 싸움입니다. 그러다 시인의 눈을 사로잡은 것이 자그마한 개미 한 마리였습니다. 제 몸뚱이 몇 배나 되는 빵 조각을 물고 가느라고 죽을힘을 다하고 있는 개미. 자빠지고 고꾸라지고 나뒹그러지면서도 포기할 수 없는 빵. 살겠다고, 살아보겠다고 끌고 또 끌고 가는 작은 개미. 시인은 갑자기 개미와 마음이 찡하고 통했습니다.

개미 고통은 내 고통, 개미 슬픔은 내 슬픔, 개미 외로움은 내 외로움. 개미 붙들고 펑펑 울어나 볼까요? 사는 게 그렇게 녹록지 않습니다. 개미는 개미대로 나는 나대로 우린 우리대로 누르는 짐으로 힘겹고 지칩니다. 시인은 개미를 보며 위로를 받았고 잠시 삶의 고난함도 잊어버렸습니다. 바로 때를 따라 있는 그 아름다움을 경험했던 것입니다.

봄, 여름, 가을, 겨울 계절마다 다르지만 저마다의 아름다움이 숨겨져 있습니다. 어떤 계절을 사랑하는 것은 그 속에 숨겨진 아름다움을 발견했기 때문이고 어떤 계절을 사랑하지 않는 것은 그 속에 숨겨진 아름다움을 발견하지 못했기 때문입니다. 그래서 같은 계절인데도 누구는 좋아하고 누구는 싫어합니다. 인생의 계절도 마찬가지입니다. 좋은 때도 있지만 나쁜 때도 있고 청명한 날도 있지만 먹구름이 잔뜩 낀 날도 있습니다. 하지만 하나님은 그 모든 날 속에 아름다움을 숨겨 두셨습니다. 한때 유행했던 TV 드라마 〈도깨비〉에서 이런 대사가 나옵니다(도깨비는 전혀 기독교적이 아님).

"너와 함께한 시간 모두 눈부셨다. 날이 좋아서 날이 좋지 않아서 날이 적당해서 모든 날이 좋았다"

신기하게 도깨비가 매우 성경적으로 살았습니다. 모든 날에서 좋은 것, 아름다움을 찾아냈으니 말입니다. 우리는 이렇게 물어볼 필요가 있습니다. 〈도깨비〉란 드라마에서 도깨비가 과연 항상 좋은 날만 있었던가요? 절대 아니었지요. 도깨비 역시 괴로운 날은 물론 슬픈 날과 화난 날도 있었습니다. 그런데 도깨비는 모든 날이 좋았다고 합니다. 어떻게 그럴 수 있었을까요?

비록 여러 힘든 날, 우울한 날, 완전히 빼버리고 싶은 날도 있었지만 도깨비는 사랑하는 '너'라는 존재를 통해 모든 날에서 눈부신 아름다운 것들을 찾아냈기 때문입니다. '너'라는 돋보기 말입니다. 모든 날이 눈부셨던 것은 단지 날이 좋아서가 아니라 그날들에서 눈부신 이유를 찾아냈기 때문입니다.

우리 삶도 그렇습니다. 우리가 환호를 지를 만한 기쁠 때도 눈물로 베개를 삼을 만한 슬픈 때에도 그 속에 아름다운 것들은 숨겨져 있습니다. 다시 한 번 주변을 둘러보세요. 뜻밖의 한구석에서 당신 가슴을 뛰게 할 눈부시게 아름다운 것들이 손짓하고 있을 테니…

미래의 나에게 미안하지 않기

"지금까지 내가 살아왔던 모든 나날들은 처절한 굶주림과 고통뿐이었지만, 그것들은 또 나 자신에 대한 빚이면서 재산이므로 언젠가는 내 소설의 거름으로 썩을 것이다. 그리고 단 한 그루의 나무라도 크게 하여 아름다운 열매를 익게 할 것이다. 나는 오직 그 희망이 있으므로 부끄러움을 무릅쓰고 아직까지도 살아 있다"

이 이야기가 누구의 것인지 짐작이 갑니까? 오늘날 손꼽히는 소설가인 이외수 작가의 과거 이야기입니다. 그의 자전적 수필인 『내 잠 속에 비 내리는데』 속에 나오는 글의 일부죠. 오늘날 그가 누리는 명성을 생각하면 그에게도 저런 때가 있었는가 싶겠지만 그도 역시 극심한 배고픔과 부끄러움을 참아내야 했던 시절이 있었습니다.

이외수 작가 이야기를 좀 더 해보자면 그가 소설만 쓰겠다고 대학 문을 박차고 나왔을 때였습니다. 소설을 쓰겠다는 희망은 부풀어 있었지만 현실은 매몰차게 그를 바닥으로 내리쳤습니다. 극심한 배고픔은 그를 춘천의 번화가로 내몰았고 지나가는 아는 사람에게 구걸하게 했습니다. 그것도 딱 20원씩만. 그 20원으로 번데기를 사면 오늘날의 몇백 원어치를 주었고 감자를 사면 작은 걸로 두 알, 큰 걸로는 한 알을 주었습니다.

그는 한 끼도 충분하지 않은 양으로 이틀씩이나 버텼고 떨어지면 또 거리로 나가곤 했습니다. 그러는 사이 그의 몸은 약해졌고 서 있기도 후덜덜 했습니다. 잘 곳도 없어서 벽돌공장에 몰래 들어가 모래더미 아래 벽돌을 쌓아놓고 자기도 했고 시외버스 터미널이나 역 대합실 벤치 신세를 지기도 했습니다. 그렇게 모질고 고달픈 삶이 2년간이나 이어졌습니다. 나중에는 벼랑 끝에 서서 자살 생각으로 종일 왔다 갔다 하기도 했습니다. 다행히 결론은 죽지 않기로 했죠.

"그러나 여기서 죽는 것은 더욱 비굴하다. 자살은 결국 패배자가 내미는 최후의 이기주의적 자기 합리화다. 나는 어떻게 해서든 살아봐야겠다는 판단을 내렸다."

그는 자살 대신 삶을 선택했고 절망 대신 희망을 붙잡았습니다. 그동안 당해온 모든 배고픔과 모든 고통을 거름 삼아 멋진 소설이란 열매를 맺기로 했죠. 그의 소설은 죽느냐 사느냐의 몸부림 속에서 한 자 한 자 새겨졌습니다. 그 모든 것들은 모아져서 아름드리 나무가 되고 열매가 되었습니다. 그의 명성과 독자들의 사랑을 그렇게 얻었던 것입니다. 정말 미래의 자신에게 미안한 짓을 하지 않았던 것이죠.

미국의 한 가난한 집에 특이한 삶을 산 형제가 있었습니다. 한 부모에게 나서 같은 환경에서 자랐지만 형제의 삶이 전혀 달랐습니다. 형은 길거리에서 얻어먹고 사는 노숙자가 되었지만 동생은 박사 학위를 따서 대학교수가 되었기 때문입니다. 어떻게 같은 환경에서 이런 다른 결과가 나왔을까요?

호기심이 발동한 기자 하나가 이런 의구심을 파헤쳐 보기 위해 팔을 거둬 부쳤습니다. 두 형제를 연구해 보았죠. 그런데 아무리 찾아보아도 그 둘을 차이 나게 했던 근본 원인을 발견할 수 없었죠. 다만 한 가지 특이점이라면 그 집에 있었던 조그만 액자였다고 할까요? 그 액자에는 이렇게 쓰여 있었습니다.

Dream is nowhere!(꿈은 어느 곳에도 없다!)

기자는 두 형제에게 이 액자에 대해 물어보았습니다. 둘 다 그 액자를 분명히 기억한다고 했습니다. 하지만 그것을 읽은 것은 전혀 달랐습니다. 형은 액자 문구 그대로 "Dream is nowhere!(꿈은 어느 곳에도 없다!)"고 읽었는데 동생은 그것을 "Dream is now here!(꿈은 지금 여기에 있다!)"라고 읽었던 것입니다.

기자는 두 형제의 삶을 차이 나게 했던 것을 그제야 발견했습니다. 형은 꿈이 없었지만 동생은 꿈이 있었던 것입니다. 아니 없던 꿈도 만들어 냈다고 보아야죠. 아무 곳에도 없는 것을 '지금 여기에 있다!'라고 생각했으니까요. 비록 환경은 액자 문구처럼 모든 꿈을 구속했지만 동생은 자신의 꿈으로 환경을 부수어 버렸던 것입니다. 어떻게든 그렇게는 안 살려고 했던 동생의 몸부림이 느껴지지 않습니까?

반면 형은 그냥 액자가 지시한 대로 살았습니다. "꿈은 어느 곳에도 없는 거야. 꿈 깨!" 보통 환경이 나쁘면 환경이 이렇게 외치는 소리를 듣습니다. 마음은 안 그런데 환경은 아무리 해도 안 된다고 윽박지릅니다. 그러다 어느 순간에 환경에 눌려 자포자기해 버리죠. 그러다 걸인이 된 형처럼 전락해 버리죠. 정말 자기 자신에게 미안한 얘기 아닙니까? 미래의 자기 자신에게 미안하지 않을 내가 되려면 어떻게 해야 할까요? 동생처럼 막힌 환경 속에서도 자신의 꿈을 찾아야 하지 않을까요? 자신의 의지를 발휘해야 하지 않을까요?

환경에 순응하는 것은 사람이 아니라 동물입니다. 인간은 단지 돼지처럼 밥만 먹고 사는 것이 전부가 아닙니다. 비록 고통의 길을 갈지라도 내일의 나에게 미안해지지 않도록 씨를 심고 거름을 주고 나무를 길러야 하는 것입니다.

사사시대 기드온도 처음에는 환경의 제약 속에서 근근이 먹고 살았습니다. 자신이 어떤 존재인지, 자신 속에 무엇이 있는지 알지도 못했고 신경도 쓰지 않았습니다. 어느 날 하나님이 나타나셨습니다. 하나님은 그를 보자마자 대뜸 이렇게 말씀하셨죠.

“큰 용사여, 네 힘으로 이스라엘을 구원하라”

엥? 이건 또 무슨 말입니까? 그때 기드온은 미디안 족속들이 쳐들어올까 봐 숨어서 밀 타작하고 있었는데요. 당시 이스라엘 백성은 모두 기드온처럼 미디안 족속이 무서워서 그런 식으로 살았습니다. 미디안 족속은 강해서 툭하면 이스라엘을 쳐들어와서 죽이고 때리고 닥치는 대로 곡식과 가축들을 수금하듯이 가져가곤 했습니다. 이스라엘 백성의 삶은 죽지 못해 사는 듯이 고달팠지요. 그렇게 살고 있는 기드온에게 큰 용사요, 그 힘으로 이스라엘을 구원하라니요! 기드온은 말도 안 된다고 즉각 반발했습니다. 자기가 큰 용사면 그러고 살겠느냐고요. 하지만 하나님은 그런 기드온을 말씀과 증거를 보여 주시며 그를 진짜로 큰 용사가 되게 하셨고 이스라엘 백성을 미디안 족속의 구원해 내게 하셨습니다. 멋진 사사로 세워졌죠. 만약 기드온에게 하나님이 찾아오지 않으셨다면 어쩔 뻔했습니까! 여전히 숨어서 포도주 틀에서 밀 타작을 하고 있지 않았을까요? 어떤 사람이 나중에 죽어서 천국에 갔을 때 일어날 일을 이렇게 상상했습니다.

"우리가 하나님 앞에 가면 모두 하나의 커튼 앞에 서게 됩니다. 그 커튼을 열면 자기 앞에 자기와 똑같은 사람이 영광스럽게 서 있는 것을 보게 되죠. 그 모습은 자기 자신이 이 땅 위에서 마땅히 변했어야 할 모습입니다. 제대로 살지 못해서 그런 영광스러운 모습으로 살지 못했던 것입니다."

만약 내가 잘못해서 영광스럽게 살지 못했다면 내 자신에게 얼마나 미안한 일입니까. 나쁜 환경이 자신을 아무것도 못하게 하고 있다고 생각하십니까? 그것 때문에 구질구질한 인생을 살고 있다고 생각하십니까? 그것이야말로 착각입니다. 우리 속에는 우리가 상상할 수 없을 정도로 큰 능력이 있습니다. 누구에게나 주신 하나님의 선물입니다. 그 능력을 쓰게 하는 것은 자기 자신입니다. 할 수 있다는 확신으로 도전하십시오. 하나님이 주신 선물을 쓰면 영광스럽게 살겠지만 안 쓰면 아무것도 없습니다. 모세가 아무리 하나님의 지팡이를 가졌다고 해도 사용하지 않으면 아무것도 아니듯이 말입니다. 정말 자신에게 미안하게 되는 것입니다. 언뜻 예전 드라마 〈시크릿가든〉에서 현빈이 자주 사용했던 말이 생각납니다. "그게 최선입니까? 확실해요?"

오직 필요한 것으로

언젠가 백억만 있으면 좋겠다는 생각을 해 봤습니다. 평생에 억 단위를 만지기도 힘든데 백억이라… 그리고 백억을 어떻게 쓸까를 상상해 봤습니다. 근데 결론이 무엇인지 아십니까?

"쓰려고 하니 백억 쓸 게 없네. 건물 하나 사서 돈을 더 불려야겠다."

돈이 없을 때는 소박하고 필수적인 것 몇 가지만이라도 있었으면 좋겠다고 생각했는데 막상 엄청난 돈이 생긴다니까 쓸 곳이 마구 생겨납니다. 속에 잠자듯 숨어있던 욕심이 깨어난 것입니다. 넘침이 오히려 자기 자신을 지배해 버리죠. 지나침은 부족함보다 못하다는 말이 그래서 있지 않을까요? 미국의 워렌 버핏이나 빌 게이

츠는 그런 면에서 자유인입니다. 그들은 세계 10위 안에 드는 부자들임에도 불구하고 물질에 집착하지 않았기 때문입니다. 대부분의 재산을 자식에게 물려주지 않고 사회에 기부하겠다는 그들입니다.

전엔 빌 게이츠가 3달러 40센트짜리 햄버거를 사려고 스웨터와 캐주얼 바지 차림으로 줄 서 있는 사진이 영국의 일간 데일리메일에 실린 적이 있습니다. 세계적인 부자의 예상을 깬 소박한 차림과 자연스러움에 곁에 있는 사람도 그를 몰라보았고 부자의 그런 모습이 외국인의 눈에도 신선해 보였나 봅니다. 주식 투자의 귀재라고 불리는 워렌 버핏은 또 어떻고요? 그 역시 30년 전에 구입한 집에서 살고 있고 같은 자가용을 십 년도 넘게 탔다고 합니다. 빌 게이츠나 버핏에게서 어떤 여유와 멋이 느껴지지 않나요? 그만한 돈도 아닌데도 가진 돈에 어쩔 줄을 몰라 이상한 짓을 하는 사람이 한둘이 아닌데요. 성경에서 아굴이라는 사람은 이런 기도를 했습니다.

"내가 두 가지 일을 주께 구하겠사오니 내가 죽기 전에 내게 거절하지 마시옵소서. 곧 헛된 것과 거짓말을 내게서 멀리하옵시며 나를 가난하게도 마옵시고 부하게도 마옵시고 오직 필요한 양식으로 나를 먹이시옵소서."(잠30:7-8)

사람들은 대체로 '가난하게도 마옵시고'에는 고개를 끄덕이며

격한 공감을 표시하는데 그다음 말인 '부하게도 마옵시고'에는 얼음이 됩니다. 왜 그럴까요? 다들 '가난하지만 않게' 보다는 '부요하게' 살고 싶으니까요. 어떤 사람은 이렇게 불평할 수도 있습니다.

"왜 굳이 겨우 가난하지 않게만 소원한 거야. 부자로 살면 좋지 않은가! 쓰고 싶을 때 쓸 수 있고 돕고 싶을 때도 도울 수 있으니 말야."

와우, 동감 동감! 어쩌면 우리들의 마음을 잘 알고 있을까요? 그런데 아굴의 기도는 그것이 아니었습니다. '부하게도 맙시고' 가 그의 기도였습니다. 그러면 이것은 우리가 부자가 되기를 기도하면 안 된다는 뜻일까요?

사실 성경에는 부자로 산 사람들 이야기가 많이 나옵니다. 하나님은 또한 부귀와 장수를 하나님이 주시는 복으로 표현하셨습니다. 아브라함, 이삭, 야곱만 해도 그들은 결코 빈하게 살지 않았습니다. 얼추 먹고 살 정도로 겸손한 가난도 아니었습니다. 모두 수천 마리의 가축과 수백 명의 종을 거느린 부유함을 누리고 살았습니다.

아브라함을 예로 들면, 그가 수천 리나 멀리 떨어진 갈대아 우르에서 가나안 땅으로 이민 왔는데 이민 생활 이삼십 년 만에 집에서 부리는 장정만 300명이 넘었습니다. 요즘 웬만한 중소기업 수준을 뛰어넘는 수준이었지요. 그의 아들 이삭도 그 부유함에다 더 많은 부를 더했습니다.

예수님의 공생애 동안도 마찬가지였습니다. 이한규 작가의 『예수님은 부자였다』라는 책을 보면 사람들은 예수님이 가난하셨다고 믿고 있지만 예수님도 집도 있었고 공생애 동안 돈도 많았다고 쓰고 있습니다. 수없이 많은 병자들의 병을 고쳐 주시고 귀신을 내쫓아주시고 심지어 죽은 사람도 살려주셨는데 헌금이 안 들어왔겠습니까? 그들이 적든 많든, 감사의 표시를 했을 것이고 공생애 동안 쓸 돈이 충분했다는 것입니다. 돈이 많았으니까 먹성 좋은 열두 제자를 건사할 수 있었고 돈궤도 필요했겠죠. 또 돈 관리할 사람을 따로 둔 것은 어떻고요? 그 유명한 가룟 유다가 돈 관리하는 제자였죠. 그는 돈궤에서 돈을 훔쳐 가는 도적이라고 했습니다. 이 역시 돈이 많았으니까 가능했던 일이었겠죠.

그리스도인이 부자가 되기를 바라고 기도하는 것은 잘못된 것도 아니요, 기복신앙도 아닙니다. 아굴의 기도도 그런 극단을 의미하지는 않습니다. 아굴이 스스로 경계하는 것은 부요함이 아니라 그 부요함을 감당치 못할 마음이었습니다. 가나안 땅에 들어간 이스라엘 백성들이 좋은 본보기 아니겠습니까? 그들은 땅과 밭과 집 등을 무상공급 받았습니다. 그것이 처음에는 황송할 정도로 감사였는데 재물이 많아지니까 마음이 흔들렸습니다. 아이가 선물 때문에 선물 준 사람을 잊어버리듯이 그들은 그 모든 것을 주신 하나님을 잊어버렸습니다. 어느새 더 많은 부요함을 누리기 위해 감사보다 자신의 탐욕적인 방법을 따라갔죠. 부요함 때문에 타락하게 된 것입니다. 그래서 누군가 이렇게 말했습니다.

"빼는 것이 행복이다."

대부분 부요함이 행복의 전부이듯이 쫓아가는데 그 반대편에서 행복을 누린 사람이 있습니다. 그 부족한 것, 빠진 것 때문에 더 행복한 사람 얘기입니다. 미국에 메티 스테파넥이라는 아이가 있었습니다. 그 아이는 근육성 이양증이라는 병 있어서 늘 아파야 했습니다. 근육성 이영양증이란 근육이 점점 퇴화되어 나중엔 움직이는 것이 힘들어지고 보통 호흡에 문제가 생겨서 어른이 되기 전에 죽는 병입니다. 메티 스테파넥의 형과 누나도 똑같은 병으로 그보다 일찍 죽었습니다. 메티 스테파넥은 몸의 병 때문에 늘 누워 지내야 했고 사람들에게 당연시되던 것도 그의 삶에서 빠져 있는 것이 많았습니다. 하지만 그는 부족한 것 때문에 불행한 것이 아니라 오히려 더 많은 행복을 맛보며 살았습니다. 그가 지은 '내가 만약 낫는다면'이라는 시를 보면 그에게 부족한 것이 얼마나 그를 부요하게 했는지 알게 해 줍니다.

내가 아직 아이일 때 병이 낫는다면
나는 자전거도 타고 롤러블레이드도 타고

들로 산으로 긴긴 여행을 떠날 거예요.

내가 고등학생이 되어 병이 낫는다면

나는 운전면허증을 따서 차를 몰고 다니고

졸업 파티에서 춤이란 춤은 다 출 거예요

내가 할아버지가 되어 병이 낫는다면

나는 낯선 나라를 찾아가 여러 가지 문화를 즐기고

내가 찍은 사진을 손자 소녀들에게 사랑 삼아 보여줄 거예요.

<중략>

내가 하늘나라에 묻힐 때 병이 낫는다 해도

거기 있는 형들과 누나들과 함께 나는 기뻐할 거예요

그 병을 고치는 방법을 알아내는 데 내 몸도 도움이 됐을 테니,

나는 여전히 행복할 거예요

-「내가 만약 낫는다면」 중에서

스테파넥의 시를 보면 자전거를 타고, 운전면허증을 따고, 낯선 나라로의 여행하는 소원들이 목록에만 있었지만 이미 그런 것들이 이루어진 것처럼 기뻐하고 행복해하는 것을 느끼게 해줍니다. 그의 시 마지막 부분에는 그런 심정이 결코 가식적이 아님을 알게 해줍니다. 그의 병이 낫지 않는다고 해도 오히려 자신의 병이 다른 사람을 고치기 위한 연구용이 되었으니 행복하다고요. 너무나 짧은 그의 생이 종착지에 도달할 무렵이었습니다. 그를 치료하던 의사가 '더 이상 가망이 없다'는 진단을 내린 후 그에게 마지막 소원을 물어봤습니다. 그때 그는 이렇게 대답했습니다.

"시집을 펴내고 싶어요. 또… 내 영웅인 지미 카터 전 미국 대통령과 만나 이야기해보고 싶어요."

스테파넥에게 남아 있던 마지막 소원은 기적적으로 병이 낫는 것이 아니었습니다. 크고 엄청난 것도 아니었습니다. 그저 가능하면 그렇게 하고픈 작은 소원들이었죠. 그의 소원대로 후원자들에 의해 시집이 나왔고 백만 권이 넘게 팔려나갔습니다. 당연히 지미 카터 대통령도 만났죠. 그 후 그는 열네 번째 생일을 일주일 앞두고 하나님 나라로 갔습니다. 그가 생전에 래리킹쇼에 나와 인터뷰하면서 이런 말을 했습니다.

"때때로 저는 물어요. 왜 나인가? 왜 난 그렇게 힘든 삶을 살아왔나. 왜 내 형제들은 죽었는가… 그리고 그때 다시 생각해요. 왜 내가 아니어야 하는가…"

겨우 열네 살 소년의 생각이 인생을 달관한 70대 노인의 생각

같지 않나요? 비록 남들이 가진 건강이 빠졌다고 할지라도 자신보다 다른 사람을 먼저 생각하고 있으니 말입니다. '나만 아니면 돼!'라는 이기주의가 전혀 보이지 않죠. 결코 후회하거나 불평하거나 우울해하지 않죠. 비록 그에게서 많은 것이 빠져있었지만 그의 행복은 그 무엇도 빼지 못했던 것입니다.

사람은 얼마나 있어야 족할까요? 지구상의 모든 것을 가지면 족할까요? 사람들이 불행한 것이 단지 많은 것이 없어서일까요? 그토록 바라는 것이 모두 얻어지면 정말 만족은 올까요? '말 사면 종 부리고 싶다'는 속담처럼 사람의 욕심은 끝이 없다는데, 바닷물을 아무리 마셔도 목마르듯이 세상의 것은 아무리 가져도 만족을 주지 못한다는데…"오직 필요한 것으로 나를 먹이시옵소서"라는 이 기도가 소박하지만 얼마나 부요한 기도였는지 느껴지지 않습니까?

팔천 리를 돌아오니

2차 세계 대전이 한창일 때였습니다. 영국 수상 처칠이 미국의 지원을 받으려고 미국을 방문했습니다. 처칠이 목욕을 하고 타월만 두른 채 숙소에서 쉬고 있는데 미국 대통령 루즈벨트가 불쑥 찾아왔습니다. 처칠이 일어나서 급히 악수를 하려는데 그만 두르고 있던 타월이 벗겨져 버렸지요. 알몸이 된 처칠은 당황하지 않고 웃으면서 이렇게 말했습니다.

"보십시오. 영국 수상은 미국 대통령께 하나도 숨기는 것이 없습니다."

자칫 민망하고 어색할 뻔했는데 처칠의 순간적인 재치로 분위기가 역전되었습니다. 덕분에 두 사람은 급격히 친해졌고 회담도 성공적으로 마칠 수 있었습니다. 이런 것을 좀 거창하게 말해서 전화위복이라고 하나요? 화가 변하여 복이 된다는 것 말입니다. 우리의 삶은 때로 나쁜 일들이 찾아오기도 하지만 그것이 예기치 않게 좋은 것을 만들어내기도 합니다.

우리나라에 잘 알려지지 않은 책이 하나 있습니다. 조선 성종 때 최부가 쓴 『표해록』입니다. 『표해록』은 우리에게 낯선 책이지만 당시에는 중국은 물론 일본에까지 널리 알려질 정도로 유명한 책이었습니다. 이 책은 당시 최고의 기행문이라는 평가를 받았으며 일본에서는 18세기 후반에 이미 당토행정기(唐土行程記)라는 제목으로 번역 출간되기도 했습니다. 중국연구가인 북경대학 갈진가 교수는 『표해록』을 마르코 폴로의 『동방견문록』과 견줄 만하다고 평했고 그 당시 이세인(李世仁)이라는 사람은 '중국을 눈으로 보지 않더라도 알 수 있게 하는 책'이라며 극찬했습니다.

이 책에는 지명과 당시 지명, 문물, 상황들이 상세히 기록되어 있고 어떤 부분은 중국의 역사책에도 없는 것이어서 중국 명나라 사회상 연구에도 귀중한 자료로 쓰인다고 합니다. 그런데 이 책은 그저 책상머리에서 쉽게 써지지 않았습니다.

『표해록』의 저자 최부가 제주도에서 공무를 수행하고 있었던 때였습니다. 갑자기 육지에서 최부의 아버지가 돌아가셨다는 소식이 전해왔습니다. 그는 부친의 장례를 치르기 위해 서둘러 공무를 마무리 짓고 육지로 가는 상선에 올라탔습니다. 때는 성종19년(1488) 1월 30일이었습니다.

최부가 탄 배는 출항하여 한동안 무리 없이 순항하는 듯했습니다. 그런데 추자도 근처에서 풍랑이 크게 일어났습니다. 최부가 탄 배는 풍랑에 요동을 쳤고 금방이라도 뒤집힐 듯했습니다. 배 안의 사람들은 죽음의 공포를 느껴 배를 가볍게 하려고 잡히는 대로 물건들을 바다로 내던졌습니다. 그래도 좋아질 기미가 보이지 않자 이번에는 먹을 물과 식량마저 던져댔습니다. 나중을 위해서 물과 식량은 남겨야 한다고 최부가 소리치며 말렸지만 아무 소용없었습니다. 얼마나 지났을까요? 풍랑이 잦아들었고 배는 안정을 되찾았습니다. 하지만 그들이 탄 배는 방향도 없이 이리저리 떠도는 표류선이 되어 있었죠. 망망대해! 아무것도 보이지 않는 바다 위에 그들은 둥둥 떠다니고 있었던 것입니다.

시간이 지나니 이제 그동안 잊고 있었던 추위와 배고픔과 목마름이 몰려왔습니다. 겨우 남아 있는 식량과 물은 조금씩 나눠 먹었어도 금방 동이 났습니다. 지독한 추위와 배고픔과 목마름… 그사이 어떤 사람은 목마름을 참다못해 자신의 오줌을 받아 마시기도 했습니다. 어디로 가는지도 모른 채 바다 위를 떠다닌 지 십여 일이 지났을까요?

멀리서 희미한 육지 같은 것이 보였습니다. 모두들 "와!" 하며 화색이 돌며 신나했지요. 이제 살아난 것이니까요. 그런데 그들을 기다리고 있는 것은 육지가 아니라 해적선이 먼저였습니다. 어디서 나타났는지 해적들은 그들에게 와서 그나마 남은 물건과 옷가지들을 빼앗아 가버렸습니다. 십여 일의 굶주림 속의 표류생활과 해적선의 약탈로 배 안의 사람들의 모양은 상거지가 따로 없었습니다. 불행은 거기에서 끝나지 않았습니다. 그들이 도착한 곳은 우리나라 땅인 조선이 아니라 중국 땅인 절강성 영파현이란 곳이었기 때문입니다. 추자도에서부터 십여 일 동안 중국 해안까지 떠내려왔던 것입니다.

중국 관원들은 최부 일행이 해안에 내리자마자 잡아서 심문 먼저 하려고 했습니다. 최부 일행을 그들의 땅을 침범해오는 왜구로 오해했기 때문입니다. 그런데 최부 일행 중에는 중국어를 하는 사람이 한 명도 없었죠. 할 수 없이 최부가 나서서 필담으로 그들이 왜구가 아닌 조선 사람인 것과 여차저차해서 그곳까지 오게 되었다는 것을 진땀을 빼며 설명해야 했습니다. 한참 만에야 그들이 왜구가 아닌 조선 사람인 것이 증명되었고 비로소 자유로워질 수 있었죠.

그 후 최부 일행은 중국 관헌에 의하여 북경으로 호송되어 조선 사신에게 인도되었고 사신 일행과 함께 요동을 거쳐 압록강을 넘어 조선으로 돌아왔습니다. 장장 8천 리 길이었습니다. 우리나라가 한반도가 3천 리라고 하니 얼마나 먼 길을 돌아왔는지 알 만하지 않습니까?

도착 즉시 최부는 조선 왕 성종을 알현했고 그간 그들이 겪은 모든 과정을 상세히 보고했습니다. 한 편의 영화 같은 얘기였죠. 성종은 최부의 얘기에 깊은 감동을 받았고 최부에게 그 내용을 글로 남겨 후세에 전할 것을 명했습니다. 그렇게 해서 나온 책이 최부의『표해록』입니다.

최부에게 안 된 일이지만 일이 그렇게 마구 뒤죽박죽 꼬이지 않았다면 어떻게 이런 작품이 나왔겠습니까? 왕을 알현해도 "고생했으니 가서 쉬시오"하고 끝냈을 일이죠. 거센 풍랑과 겨울 추위 속에서의 표류, 그리고 해적을 만나고 왜구로 오인받고… 이 모든 것은 한 편의 영화로 만들어도 될만한 탄탄한 재료들이었죠. 그러니 성종도 그렇게 흥미 있게 듣고 글로 남기도록까지 명했겠죠. 모든 사건과 사고 덕분에 최부는 이름도 날리고 글솜씨도 인정받고 대대로 남을 책을 쓸 수 있었던 것 아닙니까? 고난의 팔천 리 길은 재앙 같았지만 최부가 걸작을 만들 수 있게 해준 영광의 길이었습니다.

이스라엘인들의 인기 순위 꼭대기를 가늠하고 있는 다윗도 왕이 되기 전에는 고난의 연속이었습니다. 죽을 뻔도 수없이 했죠. 그중에 그의 근거지였던 시글락 성이 불탔던 것은 최대의 위기였을 것입니다.

그가 사울 왕의 추격을 피해 그의 부하 수백 명을 이끌고 블레셋 아기스 왕의 용병으로 들어갔을 때였습니다. 아기스는 그들에게 시글락 성을 내어주었고 다윗과 부하들은 그 성을 삶의 터전으로 삼았습니다. 그러던 중에 이스라엘과 블레셋 사이에 전쟁이 벌어졌고 다윗은 아기스 왕의 용병이었기 때문에 블레셋진영으로 참전해야했죠. 다행히 다른 블레셋 방백들의 반대로 다윗은 그 전쟁에서 빠져나와서 부하들과 함께 시글락으로 돌아왔습니다. 그런데 시글락 성이 불타고 잿더미로 변해있었던 것입니다. 바로 이스라엘의 원수 아말렉 족속의 짓이었습니다. 그들은 다윗이 없는 틈을 타서 시글락을 습격해 와서 성에 불을 지르고 모든 가축과 재물을 탈취해 하고 모든 사람을 사로 잡아가 버렸습니다. 다윗과 부하들은 참담하여 힘이 없을 때까지 울었습니다. 분함 마음에 그를 따르던 사람조차 다윗 탓이라며 돌로 다윗을 치려고 했습니다. 이 기가 막힐 재앙을 어떻게 해야 할까요?

다윗은 하나님을 의지했고 힘을 내어 아말렉의 뒤를 쫓아갔습니다. 너무나 힘든 탓에 절반의 부하들이 중도에 하차해야 할 정도였죠. 다윗은 나머지와 함께 끝까지 쫓아갔고 승리감에 도취되어 축제를 벌이고 있던 아말렉을 기습했습니다. 많은 아말렉 사람들이 죽었고 나머지는 도망가기 바빴습니다. 다윗은 잃어버렸던 모든 사람들을 되찾았습니다. 게다가 그들이 거둔 전리품은 이전의 것보다 몇 갑절 많았죠.

재앙인 줄 알았는데 완전히 대박이었습니다. 재앙도 잘 넘기면 대박을 칩니다. 모르드개는 하만 때문에 멸망당할 뻔했지만 잘 넘기니까 총리가 되었고 야곱은 7년 기근 때문에 굶어 죽을 뻔했지만 요셉을 만났습니다. 성경에는 재앙이 복으로 바뀐 사건이 너무나 많이 있습니다. 세상 모든 것은 하나님의 손안에 있습니다. 하나님 손안에 있으면 모든 것이 선으로 바뀝니다. 믿는 자에게는 화(禍)도 복(福)이 됩니다.

선한 인격이 부른 행운

이화숙 시인은 사랑을 이렇게 노래했습니다.

사랑은 운명처럼 다가왔다
바람처럼 사라진다.

이것을 이렇게 바꿔도 좋을 것 같습니다. '행운은 운명처럼 다가왔다 바람처럼 사라진다.' 행운은 대부분 우리가 오는지도 모르게 왔다가 가버리기 때문입니다. 그런데도 그 행운을 잡는 사람들이 있으니 대체 그들에겐 어떤 특별한 비법이 있는 것일까요?

비바람이 몹시 몰아치던 밤, 나이 든 부부가 하룻밤 묵으려고 한 호텔로 들어왔습니다. 시곗바늘은 밤 1시가 넘어가고 있었습니다. 홀 계산대를 지키던 젊은 직원이 그들을 반갑게 맞이하며 말했습니다.

"죄송합니다. 손님. 오늘은 국제회의 방문단 때문에 객실 예약이 다 찼습니다. 그런데 밖에 비바람이 저토록 몰아치니… 혹시 괜찮다면 저의 숙직실에서 주무시겠어요? 직원용이긴 해도 깨끗합니다. 마침 저는 오늘 당직이라서 숙직실이 필요 없거든요."

노인 부부는 감사해하며 직원이 내어준 숙직실에서 하룻밤을 묵었습니다. 다음 날 아침이 밝았습니다. 노부부가 기분 좋게 호텔 계산대로 왔습니다. 젊은 직원은 활짝 웃으며 인사를 건넸고 지난 밤 그들이 잔 방은 호텔 객실이 아니기 때문에 숙박료는 무료라고 말했습니다. 노인은 너무나 흡족한 표정으로 이렇게 대답했습니다.

"어젠 덕분에 아주 잘 잤습니다. 당신이야말로 최고급 호텔의 사장감이군요. 당신 같으면 내가 호텔 몇 동이라도 지어주고 싶군요."

젊은 직원은 노신사의 말에 감사했고 그의 말에 달리 신경 쓰지 않았습니다. 몇 년 후였습니다. 그 젊은 직원 앞으로 등기우편 한 통이 왔습니다. 편지에는 몇 년 전 비바람 치던 날 밤의 일과 자기는 그때 숙직실에서 자고 갔던 노인이라며 뉴욕에 한번 놀러 오라는 초대의 글이 적혀 있었습니다. 초대장과 뉴욕 행 왕복 비행기

표가 편지 속에 함께 들어 있었죠. 젊은 직원은 초대장을 들고 뉴욕으로 가서 그 노신사를 만났습니다. 노신사는 그를 데리고 거리로 나가 옆에 높이 솟아 있는 건물을 보며 말했습니다.

"저 호텔 어때요, 맘에 들어요?"

"정말 멋지네요. 근데 너무 비싸 보이는데 좀 더 싼 곳을 알아보는 것이 어때요?"

"걱정 마시오 젊은이. 내가 당신을 위해 새로 지은 호텔이니까. 이곳에 와서 경영을 맡아 줄 수 있겠소?"

단지 하룻밤 묵을 호텔인 줄 알았는데 젊은 직원에게 맡기는 호텔이었습니다. 졸지에 그 젊은이는 호텔 책임자가 되었습니다. 그 노신사는 당시 백만장자로 유명한 윌리엄 아스토(William Waldorf Astor)였고 젊은 직원은 힐튼 호텔을 세계적인 호텔로 만든 조지 볼트(George Boldt)였습니다. 이 호텔은 뉴욕에서 관광명소가 된 힐튼 호텔이었죠. 조지 볼트는 운명처럼 왔다가 바람같이 사라지는 행운을 제대로 잡지 않았습니까? 비결은 아주 간단했죠. 비어 있는 숙직실을 내어 준 것뿐이었으니까요. 정말 말도 안 되게 쉽죠? 누가 그 정도를 제공할 수 없을까요? 그런데 그 쉬운 일을 누구나 하지는 못합니다. 조지 볼트라서 가능했던 것입니다. 그 이유는 다름 아닌 그가 가진 선한 인격 때문이었죠. 어려운 이에 대한 긍휼을 베풀려는 마음 말입니다.

누구 말마따나 그냥 "방 없어서 드릴 수가 없네요. 손님 미안합니다"라고 해도 되었을 것입니다. 보통 그렇게 반응하지 않습니까? 그런데 조지 볼트는 그 보통을 넘어섰던 것입니다. 그런데 그것이 호텔을 가져다줄 줄을 누가 알았겠습니까?

중국 제(齊)나라에 가난한 북곽소(北郭騷)라는 선비가 살고 있었습니다. 그는 올곧은 선비였지만 가난해서 짐승을 잡거나 짚신을 삼아 어머니를 모시며 근근이 살았습니다. 그런데 어느 날 먹을 식량이 똑 떨어지고 말았습니다. 자신은 굶어도 괜찮겠지만 어머니를 굶게 할 수 없는 것 아니겠어요? 할 수 없이 북곽소는 체면과 자존심을 꾸기며 당시 재상으로 있던 안영의 집을 찾아가서 어렵게 입을 뗐습니다.

"저는 평소에 안영 선생의 품성을 우러러 보아왔습니다. 그래서 염치 불고하고 찾아왔는데, 늙으신 어머니를 모실 식량을 조금만 주십시오."

대쪽 같은 선비가 죽을 만큼 힘든 부탁을 했던 것입니다. 이에 재상 안영은 두말하지 않고 북곽소에게 식량은 물론 돈과 재물까지 후하게 내주게 했습니다. 북곽소의 자존심과 체면에 전혀 손상이 가지 않도록 조심스럽게 말입니다. 북곽소는 내어 준 돈과 재물은 거절하고 당장 먹을 식량만 챙겨서 돌아갔습니다.

세월이 흘렀습니다. 어느 날 안영은 간신배의 농간으로 왕에게 미움과 의심을 받아 관직을 내어놓고 떠나게 되었습니다. 퇴궐하는 길에 우연히 북곽소의 집을 지나는데 문득 옛 생각이 나서 집 안으로 들어갔죠. 북곽소는 안영을 보자마자 자신의 방으로 정중하게 모셔드리고 어디로 갈 예정인지 물어봤습니다. 안영은 대답했습니다.

"왕의 미움과 의심을 받고 있으니 어찌하겠소. 어디 가서 숨어 지내야지."

"안영 선생, 부디 평안하시기 바랍니다."

이 한마디뿐 북곽소는 더 이상 아무 말도 하지 않았습니다. 안영은 조금은 섭섭한 마음이 들었지만 내색하지 않고 그의 집을 나와 수레에 올랐습니다. 안영이 북곽소의 집을 떠난 직후였습니다. 북곽소는 자신의 친구를 찾아가서 말했습니다.

"일찍이 내게 안영에게 신세를 졌네. 이제 그 신세를 갚아야 하지 않겠나?"

이에 북곽소는 의관을 갖추어 입고 칼과 대바구니를 친구에게 들린 채 궁궐로 앞서갔습니다. 궁궐 문에 다다르자 그는 문지기에게 말했습니다.

"안영은 천하에 둘도 없는 지혜자입니다. 현재 그는 왕의 미움과 의심을 받아 제나라를 떠나려 합니다. 제나라는 이로 인해 큰 손해를 볼 것입니다. 지금 제 머리를 잘라 왕에게 바치고 안영이 얼마나 청렴결백하고 죄가 없는지를 증명하려 합니다."

이어 옆의 친구에게 자기가 자결하면 그 머리를 대나무에 담아 요구사항과 함께 왕께 전해달라는 부탁을 하고 목숨을 끊었습니다. 그러자 옆에 있던 친구도 북곽소의 머리를 대바구니에 담아 통보하는 건네주고는 마찬 가지로 자결해버렸습니다. 이 소식은 제나라 왕에게 전해졌고 사람을 보내 안영을 쫓아가서 붙잡게 했습니다. 안영은 곧 왕의 미움과 불신에서 벗어나 재상의 지위를 회복할 수 있었죠.

지난날 북곽소에게 준 것은 먹을 양식 조금이었는데 그것이 목숨으로 돌아왔습니다. 슬프고 아픈 사연이지만 안영에게는 죽다가 살게 해준 행운이었죠. 그냥 요구한 것만 주어 보냈어도 감지덕지하고 갔을 텐데, 받는 사람의 입장을 헤아려 주고 더 후하게 주려는 마음이 북곽소의 마음을 울렸던 것입니다. 얼마나 그것이 고마

웠으면 목숨으로 갚았을까요? '선을 베풀 힘이 있거든 선을 베풀기를 아끼지 말라'고 했고 '부지중에 천사들을 대접한 이들이 있다'고 했습니다. 몰래 왔다가는 행운은 바로 준비된 선한 인격이 잡게 해주는 것입니다. 마음에 선을 쌓으면 선이 나오고 악을 쌓으면 악이 나온다고 했습니다. 조지 볼트 또는 안영같이 행운을 얻으려면 어떻게 해야 하는지 답은 나왔죠?

한 소년이 건넨 감동

중국의 유명한 작가 탕무의 『내일의 나를 고생시키지 않을 인생 습관』이라는 책에는 오스트리아의 부룩(Brook)이라는 소년 이야기가 나옵니다. 부룩은 어머니를 잃고 아버지마저 일하다가 다쳐서 졸지에 소년 가장이 되었습니다. 생계를 유지하기 위해 길가로 나가 좌판을 깔고 구두 수선을 하는 일을 시작했습니다.

어느 날 손님이 낡은 구두 한 켤레를 가져와서 수선해 달라며 맡기고 갔습니다. 그는 구두를 깔끔하게 수선해서 반짝반짝하게 광까지 내어 손님에게 건넸습니다. 손님은 새것같이 변한 구두를 보며 기분이 너무 좋아 말했습니다.

"구두도 고쳐주고 광까지 내주다니 정말 고맙네."

그런 그를 보고 다른 구두닦이 소년은 '왜 공짜로 광까지 내주냐'며 바보 같은 짓 하지 말라고 핀잔을 주었습니다. 그렇지만 부룩은 아랑곳하지 않았죠. 그것이 최선이고, 무슨 일이든 최선을 다해야 한다고 생각했으니까요. 부룩은 어느 손님에게나 늘 그렇게 정성을 다했습니다. 소년의 구두 수선 이야기는 손님들을 통해 입소문이 났고 멀리에서 찾아오는 손님도 생겼습니다.

근처에 있던 구두 공장 사장도 그 소문을 못 들을 리가 없었지요. 그 공장 사장은 부룩에게 자신의 공장 불량품 구두 수선을 부탁했고 나중에는 그 공장의 불량품 구두를 수선하고 관리하는 정직원으로 채용했습니다. 반면 부룩을 비난하던 소년은 길가 좌판 구두닦이를 못 벗어났고요.

그저 좀 더 해주었을 뿐인데 그 보상은 톡톡히 돌아왔습니다. 하지만 누군가를 감동시키기는커녕 상처만 주는 사람이 한둘이 아닙니다. 상대방을 무시하고 자기보다 못하다는 생각이라도 들면 아예 사람 취급도 하지 않는 사람들이 있습니다. 그런 사람은 왜 살아있나 싶지만 숨을 쉬니 인간이라고 합니다. 중국 제(齊)나라에 중대부(中大夫) 이사(夷射)란 사람이 있었습니다. 그는 주로 궁궐 안에서 임금님을 가까이 모시는 일을 하고 있었죠. 하루는 이사가 왕을 모시고 술을 마시다가 거나하게 취해서 밖에 나와 문에 기대어 있었습니다. 그때 다리가 잘려 장애인이 된 문지기가 기어 와서 이사에게 부탁했습니다.

"나으리, 남은 술 있으면 조금만 주십시오"

"뭐야? 벌 받아 다리 잘린 자가 감히 술을 구걸해? 썩 물러가라."

불쌍한 문지기는 술 한 모금 대신 욕만 바가지로 먹고 물러났습니다. 잠시 후였습니다. 아무 말 없이 물러났던 문지기는 이사가 자리를 뜬 뒤에 그 자리에 물을 살짝 뿌려 놓았습니다. 다음 날이었습니다. 왕이 한가로이 왕궁을 거닐다가 이사가 기댔던 문 앞에서 물 자국을 보았습니다. 왕은 물 자국을 소변 자국으로 생각하고 "어떤 놈이 이곳에 소변을 보았느냐!"라고 버럭 소리를 질렀습니다. 그때 다리 잘린 문지기가 와서 나지막하게 아뢰었습니다.

"소신은 보지 못하였습니다. 다만 어젯밤에 그곳에 중대부 이사가 이곳에 서 있는 것을 봤습니다만…"

"뭐야? 여봐라. 이사를 잡아다가 목을 쳐라!"

이사는 그날로 세상과 끝이었습니다. 참! 그냥 남아 있는 술 조금만 주었어도 감지덕지했을 텐데 꼭 그렇게 해야 했나요? 주기 싫었으면 모욕이라도 주지 말지 웬 못 배운 행동입니까? 문지기 아저씨도 싸나이인데 그 가슴에 비수를 꽂아 분노의 방아쇠를 당겨 버렸으니 그런 보복이 있을 수밖에요. 우리는 어떻습니까. 우리들은 괜찮게 살고 있습니까? 불쌍한 문지기 같은 사람들 앞에서 이사처럼 그렇게 하지 않는다고 장담할 수 있습니까? 은연중에 무시하는 것이 없나요?

감동은 상대방을 먼저 생각하고 하나라도 더해 주고픈 마음에서 만들어집니다. 칩 히스·댄 히스가 쓴『순간의 힘』에는 작은 것이 불러일으킨 큰 감동 이야기가 있습니다. 한 부부가 아이를 데리고 여행을 떠나 플로리다에 있는 리츠칼튼 호텔에서 묵었다가 집으로 돌아왔습니다. 집에 도착해 보니 아이가 가장 좋아하는 기린 인형이 없었습니다. 호텔에 빠뜨리고 온 것이었지요. 아이는 그 기린 인형을 너무 좋아해서 그것 없이는 잠도 안 자는데 큰일 났습니다. 부부는 일단 아이에게 기린 인형은 호텔에서 좀 더 놀고 온다고 말해 놓고 잠을 재웠습니다. 그 후 아이 엄마는 급히 리츠칼튼 호텔로 전화해서 호텔에 기린 인형을 놓고 왔는데 혹시 찾아 줄 수 있는지 물어보았습니다. 호텔에서는 금방 알아차리고 재빠르게 움직여서 그날 밤 그 기린 인형을 찾았다는 소식을 전해왔습니다. 아이 엄마는 호텔에 한 가지 더 부탁했습니다. 아이는 기린 인형이 휴가 중으로 알고 있으니까 기린 인형이 수영장 의자 벤치에 앉아 있는 사진 한 장만 찍어 보내달라는 것이었습니다. 호텔 직원은 흔쾌히 대답했고 며칠 후 기린 인형이 배달되었습니다.

아이 엄마는 소포를 열어보고 깜짝 놀랐습니다. 기린 인형과 사진 한 장이 온 것이 아니라 한 권의 앨범이 만들어져 왔기 때문입니다. 앨범에는 기린 인형이 수영장에서 찍힌 사진은 물론 기린 인형이 마사지 받고 있는 사진, 호텔에 있는 앵무새와 장난치는 사진, 보안실에서 감시카메라를 보고 있는 사진 등이 가득 들어 있었습니다. 진짜로 기린 인형이 호텔 여행을 즐기는 것 같았죠. 단지 사진 한 장을 부탁했는데 앨범이 만들어져 오다니요! 아이 엄마는 감동을 넘어 감격을 했고 그 호텔의 팬이 되어 버렸습니다. 이 이야기는 SNS에 올려졌고 많은 사람들이 열광하게 했습니다. 이 호텔의 인기가 쭉쭉 올라간 것은 말 안 해도 알겠죠?

기대보다 좀 많이 오면 감동을 받고, 훨씬 더 많이 오면 감격하고 팬이 된다고 합니다. 아이 엄마를 감격시키고 팬이 되게 한 것은 호텔의 더 해주려는 마음을 느꼈기 때문 아닐까요? 사실 칼튼 호텔에서 더 해 준 것이라고 해봐야 대단한 것이라고도 볼 수 없죠. 사진 찍어 앨범 제작해 준 것이 전부였는데요. 그 정도 못할 호텔이 있겠습니까? 맘만 먹으면 누구나 할 수 있는 일이죠. 그런데 그렇게 하지 않는다는 겁니다. 그 쉬운 것이 잘 안 됩니다. 그러니 사진 찍어 앨범 하나 만들어 준 것이 나라를 구한 것 같은 화제가 되었겠죠. 감동의 능력은 참 대단합니다.

성경에서 감동을 건넨 사람은 누가 있을까요? 나는 먼저 두 렙돈을 헌금으로 낸 가난한 과부를 들겠습니다. 두 렙돈은 오늘날로 치면 1500원쯤 된다는데 컵라면 하나 정도 살 수 있나요? 그런데 그 두 렙돈으로 헌금 왕을 차지했죠. 예수님이 들떠서 매겨준 상이었습니다. 겨우 두 렙돈이 왜 예수님의 마음을 흔들어 놓았던 것일까요? 그 두 렙돈이 과부의 생활비 전부였기 때문입니다. 적지만 그 과부에게는 그날 목숨 유지 값이었죠. 성경에서 또 다른 사람을 찾아볼라치면 300데나리온짜리 향유를 예수님께 부어드린 마리아를 꼽을 수 있습니다. 300백 데나리온은 오늘날 3천만 원 정도 나가는 매우 큰 액수입니다. 이 역시 예수님의 마음을 통째로 흔들어 놓았습니다. 그녀에게 가장 소중한 것을 아낌없이 예수님께 부었으니 마음이 찡 안 하셨겠습니까? 얼마나 감동받으셨는지 그것을 자신의 장례의 절차 중 하나로 편입하셨고 그 여인의 행위를 기록하여 길이길이 기억하라고 하셨습니다. 사람의 행위를 기념하라고 하신 것은 매우 이례적이었죠. 정말 엄청나게 파격적인 반응이셨습니다. 300데나리온으로도 감동을 주고 두 렙돈으로도 감동을 주는 것을 보면 감동이란, 단지 크기에서만 나오는 것은 아님을 알게 됩니다. 중요한 것은 마음이죠. 꼭 대단한 것으로 해야 한다고 생각하는 사람이 있다면 기억하면 좋겠죠?

그러면 누군가를 감동시킨다면 누구에게 가장 좋을까요? 모두에게 좋겠지만 그래도 가장 좋은 사람은 감동을 준 사람입니다. 의외죠? 감동 받은 사람이 제일 좋을 것 같은데요? 보세요? 과부는 두 렙돈으로 헌금왕! 마리아는 300데나리온으로 메시야 사역에 동참! 그리고 두 명 다 길이길이 기억! 정말 대단한 영광 아닌가요? 누군가에게 감동을 건넨다는 것은 정말로 대박입니다.

공감

서울의 모 대학에 K라는 교수가 있었습니다. 그는 '가난'이란 글자를 모를 정도로 부유한 환경에서 살았습니다. 부모의 재력으로 미국 유학을 했고 한국에 돌아와서도 교수직도 수월하게 얻었습니다. 게다가 그의 아내조차 미국에서 돈 잘 번다는 의사여서 그의 봉급은 용돈일 정도였습니다. 그가 학생처장으로 있을 때, 등록금이 밀린 학생과 면담했을 때였습니다. 그는 학생에게 왜 등록금을 안 냈는지 물었습니다. 그러자 학생은 돈이 없다고 대답을 했죠. 그러자 K교수는 고개를 갸우뚱하며 되물었습니다.

"아니 돈이 왜 없지요?"

이런 사람을 무어라고 불러야 할까요? 돈 떨어져 본 적도 없고 돈 때문에 신경 써 본 적이 없고 돈이란 그냥 있는 것이고 필요하면 쓰는 것으로 배운 이런 사람 말입니다. 어르신들이 6.25 때 굶었다고 하면 '라면 끓여 먹으면 되지 왜 굶어'라고 되묻는 애들과 같은 이런 사람 말입니다. 이런 비슷한 경우가 미국 풀러 신학교에 유명한 교수에게도 있었습니다. 하루는 그가 수강생들에게 기도 제목을 물어봤습니다. 그러자 한 학생이 등록금 낼 돈이 없으니 기도해 달라고 했습니다. 즉시 그 교수는 등록금을 수표(체크카드)에 써 주면서 말했습니다.

"자네, 기도 응답받았네."

똑같은 상황인데 왜 이렇게 다를 수 있을까요? 무엇이 두 사람을 그처럼 차이 나게 했던 것일까요? 성경에 한 힌트가 있습니다.

"즐거워하는 자들과 함께 즐거워하고 우는 자들과 함께 울라"(롬12:15)

한마디로 하면 공감의 차이입니다. 상대방을 깊이 공감하게 되면 그에 걸맞은 행동이 나오지만 그렇지 못하면 비정상적인 행동을 하게 됩니다. K교수가 그런 셈이었죠.

우리나라 병자호란(1636-1637) 때 얘기입니다. 영화 <남한산성>의 배경이 되는 역사입니다. 우리나라로써는 정말 치욕의 역사입니다. 추운 겨울날 조선 왕이 맨발로 청나라 황제에게 나아가서 아홉 번이나 머리 박고 절을 하며 항복했던 역사 말입니다. 그때 항복의 대가로 수많은 조선 백성이 청나라로 포로로 끌려갔고 인조의 아들인 소현 세자와 봉림 대군도 그들과 함께 볼모로 잡혀갔습니다.

두 왕자가 청나라 심양에서 볼모로 8년을 지낸 때였습니다. 청나라 3대 황제 세조는 이들을 조선으로 돌려 보내주기로 결정했고 그들이 심양을 뜨기 전에 성대한 송별잔치를 베풀어 주었습니다. 잔치가 한창일 무렵 세조는 기분이 좋았는지 두 왕자에게 귀국 기념 선물을 줄 테니 무엇이든 한 가지씩 골라보라고 했습니다. 그러자 먼저 형인 소현 세자가 말했습니다.

"황제께서 쓰시는 용 벼루를 주시면 평생 폐하의 은혜를 간직하겠습니다."

"과연 안목이 높구나. 이 벼루는 천하에 제일로 내 아들에게도 주지 않았는데 조선의 세자가 달라고 하니 어찌 거절하겠는가."

그러면서 황제가 생색을 내면서 자신이 아끼던 용 벼루를 내주게 했습니다. 이번에는 동생 봉림 대군 차례였습니다. 청나라 세조는 봉림대군에게도 무엇이 가지고 싶은지 물었습니다. 그러자 봉림대군은 기다렸다는 듯이 대답했습니다.

"제게는 여기 잡혀 있는 조선의 백성 모두를 돌려주십시오."

청나라 세조는 속으로 "아차!" 했을 것입니다. 허를 찔렸으니까요. 황제가 약속했으니 안 된다고 할 수도 없고. 어쩔 수 없어 조선 백성을 모두 돌려보내 주어야 했습니다. 두 왕자의 선택을 보면서 어떤 생각이 듭니까? 누구의 선택에 더 마음이 갑니까? 아마도 대부분 봉림 대군 쪽일 겁니다. 마땅히 그래야 하지 않습니까? 가까운 길도 같이 갔으면 같이 돌아오는 것이 도리인데 청나라까지 같이 와서 자기만 쏙 돌아가면 되겠냐고요. 포로가 된 백성들은 어떻게 하라고요. 소현 세자는 심양에 잡혀 비참하게 살던 백성들은 보지도 못했나요?

사실 포로라고 해도 왕자들과 백성들의 삶은 완전히 달랐습니다. 왕자들은 좋은 집에서 필요한 것 다 공급받으며 살았지만 백성들은 막노동 그 자체가 아니었습니까? 여자들은 몸까지 더럽혀지기도 했는데, 그 고달픔과 설움이 얼마나 컸겠습니까. 그런데 그 백성을 잊어버리다니요. 소현세자가 비정상적인 행동을 했던 이유는 공감을 못 했기 때문입니다. 백성의 아픔을 전혀 이해하지 못했죠.

인조 왕은 봉림 대군이 데려온 백성을 보고 너무나 좋아했습니다. 정말 잘했다고요. 반면 소현 세자가 가져온 청나라 황제의 용벼루를 보았을 때는 어땠을까요? 어떤 수모를 주었던 나라인데 그 나라 황제의 벼루에 왕자가 헤벌레하고 있으니 기가 찰 노릇 아니었겠습니까? 인조가 너무 열 받아서 그 벼루를 소현세자에게 던져 버렸습니다. 소현 세자는 그 용 벼루에 맞았고 얼마 가지 않아서 의문의 죽음을 맞이했죠. 인조의 독살설도 있지만 대부분 소현세자가 볼모 때 걸린 학질의 악화되어서 그랬다고 보고 있습니다. 어쨌든 답답한 왕자였습니다.

'내 배가 부르니 종의 배고픔을 모른다'는 속담처럼 공감하는 것은 참 어렵습니다. 본능적으로 사람은 자기중심적이고 자기 문제가 가장 중요하거든요. 상대방이 죽을병에 걸렸다고 해도 내 발가락의 가시가 더 아프게 느껴지는 법입니다. 미국 풋볼 코치의 영웅인 루 홀츠가 한 대학에서 한 연설은 이런 인간 심리를 꿰뚫고 있습니다.

"여러분, 여러분이 고난을 당할 때 다른 사람에게 얘기하지 마세요. 90%는 여러분 얘기에 관심이 없습니다. 그리고 나머지 10%는 여러분의 얘기를 듣고 기뻐합니다."

한바탕 웃자고 한 말이겠지만 나름 공감이 되지 않습니까? 진짜 사람들이 자기 자신의 문제 외 다른 것에 별로 관심 없습니다. 힘든 걸 얘기해도 90%는 안 듣고 10%는 좋아할 수도 있습니다. 사실이 아니라고 할지라도 그만큼 서로 공감하기가 어렵다는 얘기겠죠. 그런데 혹시 여러분은 어느 날 갑자기 괜히 속이 텅하니 빈 적이 없습니까?

어느 날
혼자 가만히 있다가
갑자기 허무해지고
아무 말도 할 수 없고
가슴이 터질 것만 같고
눈물이 쏟아지는데
누군가를 만나고 싶은데
만날 사람이 없다.
<중략>
주위에는 항상
친구들이 있다고 생각했는데
이런 날 이런 마음을
들어줄 사람을 생각하니
수첩에 적힌 이름과 전화번호를
읽어 내려가 보아도 모두가 아니었다.
<중략>
아, 삶이란 때론 이렇게 외롭구나

-「어느 날 커피」, 작자 미상

인생이 이런 것일까요? 나만 그러는 줄 알았는데 사람마다 그런 때가 있는가 봅니다. 진짜 누군가에게 어떤 말이라도 하고 싶은데 막상 전화를 걸려니 콕 찍을 사람이 없습니다. 자기는 그런 느낌으로 허전한데 상대방도 그것을 알아줄까 하는 두려움이 앞서기 때문이겠죠. 괜히 청승맞은 것 같기도 하고… 결국 그냥 홀로 버티고 말죠. "원래 삶은 외로운 거야" 하면서 말입니다.

세상에 나와 같은 마음, 같은 느낌의 사람을 만난다면 얼마나 좋을까요. 마치 세상을 얻은 듯이 기쁘지 않겠습니까? 처음 만나도 공감이 되면 그냥 그날로 끝나는 겁니다. 시간이 사람을 가깝게 해주는 것이 아니라 공감이 사람을 가깝게 해주기 때문입니다. 아무리 오랜 세월을 사귀어도 공감이 안 되면 항상 따로국밥이요, 친해지지가 않지만 금방 만나도 공감이 되면 찰떡궁합이 됩니다.

예수님은 공감의 대명사였습니다. 우리의 마음속까지 아시는 분이니까요. 그래서 예수님 앞에서는 "내 심장을 꺼내서 보여줄까요!"라고 폼 잴 필요 없습니다. 어떤 누구든 예수님 앞에 와서 공감을 못 얻은 사람이 없었죠. 그 주변에는 항상 사람들이 많았던 이유입니다. 예수님은 그들의 마음을 아셨고 느낌을 아셨습니다. 병자든, 가난한 자든, 어린아이들 할 것 없이 그런 예수님이 좋다고 졸졸졸 따라다녔습니다. 친구를 얻고 싶습니까? 공감해 주면 됩니다. 자기 생각을 내려놓고 상대방의 말에 귀를 기울여 보세요. 상대방이 신는 신발을 신어보고 상대방이 빠져 있는 고통 속으로 들어가 보세요. 단순하게 상대방의 시선에서 현상을 바라보세요. 비록 자신의 생각에는 안 맞아도 상대방의 입장에서 맞장구를 쳐 보세요. 오직 그 순간은 '무조건 당신 편'이라는 생각으로 느껴 보세요. 그러면 상대방의 마음을 알게 되고 공감이 될 것입니다. 친구가 될 준비가 된 것입니다.

친구는 정의롭기 때문에 되는 것이 아니라 마음이 통하기 때문에 되는 것입니다. 공감은 이론이 아니라 느낌이고 상대방 편에서의 이해입니다. 다른 사람을 진심으로 공감해 보십시오. 당신 주변에 어느 샌가 친구는 물론 많은 사람들이 모여 있는 것을 보게 될 것입니다.

아부도 칭찬이다

오리구이 전문 요리사가 있었습니다. 손님들은 모두들 맛있다고 칭찬하는데 정작 주인은 늘 트집을 잡고 한 번의 칭찬이 없었습니다. 어느 날 주인에게 귀한 손님이 찾아왔습니다. 요리사는 주인의 손님에게 오리요리를 내왔습니다. 음식을 먹을 때 주인이 손님에게 오리 다리 하나를 건네줬는데 나머지 하나가 없었습니다. 그래서 요리사에게 물었습니다.

"다리 한쪽은 어디 간 거야?"
"저희 집 오리는 다리가 하나밖에 없는데요?"

주인은 이해가 안 됐지만 손님 앞이라 아무 말 하지 못하고 식사를 했습니다. 식사가 끝나고 손님이 돌아간 후 밤중에 주인은 요리사를 데리고 뒤뜰에 오리를 보러 갔습니다. 한밤중이라서 오리들은 자느라고 한 발만 내놓고 있었습니다.

“보십시오. 주인님. 우리 집 오리는 다리가 하나밖에 없지 않습니까?”

그러자 주인은 크게 박수를 쳐서 오리들을 깨웠습니다. 오리들이 꽥꽥거리며 두 발로 일어섰습니다.

“봐. 모두 다리가 둘이잖아!”
“맞습니다. 오리도 박수를 쳐야만 다리가 두 개가 됩니다.”

사람은 누구나 칭찬받기를 좋아합니다. 칭찬하면 없는 다리도 생겨나게 합니다. 칭찬은 그 한 마디로도 없던 힘도 생겨나게 합니다. 프랑스 파리에 있는 한 커피숍에 돈도, 변변한 직업도 없는 청년 하나가 앉아 있었습니다. 먹고 살기에도 빠빡하여 옷을 살 돈이 없어서 직접 옷을 만들어 입었습니다. 그때 그 옆으로 지나던 여자 손님이 그에게 이렇게 말을 건넸습니다.

“어머, 그 옷 참 멋지네요. 어디에서 그런 옷을 구할 수 있죠?”
“네? 제가 만든 옷인데요?”

"아 멋져요. 당신은 분명히 백만장자가 될 거예요."

지나는 사람이 그저 '멋지다'고 했을 뿐인데 그것은 청년의 재능에 날개를 달아 주었습니다. 청년은 더욱 열정적으로 옷을 만들었고 그 옷들은 유명해지기 시작했습니다. 사람들 사이에 화제가 되었고 얼마 가지 않아 세계적인 옷이 되었습니다. 그는 패션 회사를 세웠고 자신은 세계적인 패션디자이너로 이름을 올렸습니다. 이 사람이 누군가? 바로 피에르 가르뎅이었습니다. 칭찬의 효과를 보통 본 것이 아닙니다.

미국에서 갑부로 알려진 존 D.록펠러는 칭찬의 대가였습니다. 그는 곁에 있는 사람을 칭찬과 격려로 탁월한 일꾼으로 만들곤 했습니다. 그가 동료 에드워드 T. 베드포드와 일할 때였습니다. 언젠가 베드포드는 남미에서 잘못 구매한 물건 때문에 회사에 1백만 달러나 되는 손해를 입혔습니다. 당시 백만 달러는 지금의 천만 달러 이상인데 엄청난 손해를 끼쳤던 것입니다. 그렇지만 록펠러는 잠시 생각하더니 베드포드에게 이렇게 말했습니다.

"굉장하군! 그래도 자넨 투자한 돈 가운데 60%는 건졌잖은가? 그게 그렇게 쉬운 게 아니거든."

이 말을 들은 베드포드의 심정이 어땠을까요? 어마어마한 돈을 손해 보게 했는데 질책 대신 칭찬을 받았으니 말입니다. "내가 회사를 위해 뼈를 묻으리라!" 이런 다짐이 생기지 않았을까요? 록펠러는 한 번의 실수로 사람을 자르기보다 한 번의 칭찬으로 더 좋은 사람으로 만들었습니다. 그런데 '아부'도 칭찬의 다른 모습이라는 사실을 아십니까? "뭐라고? 아부가 칭찬이라고?"라며 반문할 사람도 있을 것입니다. 보통 아부라고 하면 나쁜 이미지부터 떠오르고 사전을 찾아봐도 그 뜻이 별로 좋지 않게 설명되어 있으니까요. 그럼에도 불구하고 '아부도 칭찬'입니다. 다만 칭찬의 대상이 다르다고 할까요? 윗사람이나 어떤 갑의 위치에 있는 사람 말입니다.

이상하게도 사람들은 누군가가 아랫사람이나 동료에게 "잘했다"고 말하면 칭찬이라고 생각하는데, 윗사람에게 "잘하셨습니다"라고 말하면 '아부'라고 생각합니다. 물론 윗사람에게 무조건 잘하셨다며 알랑거리는 사람도 있겠죠. 하지만 윗사람이 진짜 잘해서 잘하셨다고 하는데 꼭 아부로 몰아가야 할까요? 윗사람은 칭찬 좀 받으면 안 되는 거예요?

우리는 '아부도 칭찬이다'라는 것을 거부하기 전에 한 가지 알아야 할 것이 있습니다. 사람은 누구나 칭찬 받기를 좋아하고 그것은 하나님도 예외가 아니라는 것입니다. 오죽하면 하나님은 찬송 중에 거하신다고 하시며 모든 천하 만물은 하나님을 찬송하라고 말씀하셨을까요? 하나님은 우리의 찬송, 즉 칭찬을 너무너무 좋아하십니다. 하나님이야말로 영원토록 찬송 드려도 부족할 따름이죠. 윗사람도 예외가 아닙니다. 칭찬을 싫어하는 사람이 없습니다. 심지어 그것이 아부로 보여질지라도 말입니다. 왜냐고요? 영국 극작가 버나드 쇼가 했던 아부에 대한 말을 들어 보죠.

"당신이 누군가에게 아부한다는 건 곧 당신이 그를 아부할 만한 가치가 있는 사람이라고 여기기 때문입니다. 윗사람은 아랫사람의 아부, 즉 칭찬을 들으면서 자신의 가치를 확인합니다. 한번 윗사람에게 의도적으로 칭찬을 건네 보십시오. 얼굴 표정이 얼마나 좋게 바뀌는지 확인할 수 있을 겁니다. 칭찬을 듣는 윗사람은 왕이 된 듯 좋아할 것입니다."

버나드 쇼의 아부에 대한 통찰을 빌리자면 윗사람이 아부(칭찬)를 좋아하는 것은 그 아부를 통해 자신이 가치 있는 사람임을 확인하기 때문입니다. 자신의 가치를 알아주고 인정해주는데 누가 싫어하겠습니까? 리처드 스텐걸이 쓴『아부의 기술』을 보면 특별히 윗사람에게 하는 아부는 생리학적으로도 윗사람을 매우 기분 좋게 하는 이유가 있다고 합니다.

우리 몸속에 있는 '세로토닌'이라는 물질이 아부를 들으면서 많이 만들어지는데요? 이 세로토닌은 사람에게 행복감을 느끼게 해주는 물질입니다. 우울증 환자가 먹는 항우울제가 바로 이 세로토닌의 양을 증가시켜주는 약입니다. 세로틴이 몸에서 증가하면 괜히 기분이 좋아지고 괜히 행복감을 느끼게 되는 것이죠. 그러니 아부를 싫어할 까닭이 있겠습니까?

윗사람의 마음을 얻고 싶습니까? 칭찬해 보세요. 윗사람과 친해지고 싶습니까? 칭찬해 보세요. 윗사람과 대화의 문을 열고 싶습니까? 칭찬해 보세요. 윗사람에게 하는 칭찬이 아부로 치부당할지라도 그 효과는 확실합니다. 권력자들 옆에 아부를 잘하는 사람이 주로 붙어 있는 것이 우연일까요? 알랑거림에서 나온 아부이든, 진짜 칭찬에서 나온 아부이든 그들이 아부를 좋아하기 때문 아닐까요? 윗사람에 대한 칭찬 없이 윗사람과 잘 지내고 싶다고요? 힘듭니다. 바람 빠진 바퀴가 달린 수레를 끄는 것처럼 힘듭니다.

"에이, 그래도 체질이 아닌지라…"

그러면 절대적인 실력자가 되시면 됩니다. 없어서는 안 될 정도로 필요한 사람 말입니다. 실력자는 윗사람이 좋아하고 대접을 해주니까요. 아니면 아부하는 지혜를 얻는 것이 나을 것입니다. 다시 말하지만, 여기서 말하는 아부는 정당한 칭찬에서 나오는 아부를 얘기합니다. 옆에 동료를 보십시오. 어떤 특별한 배경이나 조건은 제외하고, 비슷한 실력인데 먼저 올라가는 사람들이 있습니다. 물론 다른 이유도 있겠지만 대부분 윗사람과 관계가 좋은 사람들입니다. 실력이 비슷하다면야 윗사람이 자기와 친한 사람을 올리는 것이 자연스런 현상 아니겠어요? 그런데 아부가 바로 윗사람과 좋은 관계를 만들어 주는 묘약이라는 것입니다. 앞에서 말했듯이 아부는 윗사람을 기분 좋게 해주는 효과가 있으니까요. 그래도 아부라는 것이 거북스럽습니까? 왠지 비굴한 사람들이나 하는 것 같습니까? 그렇다면 공자의 이 말은 어떻습니까?

"군자는 다른 사람의 좋은 점만 이야기하고 소인배는 다른 사람의 나쁜 점만 이야기한다."

공자가 나눈 군자와 소인배의 기준은 다른 사람에 대해 좋은 점만 말하느냐 나쁜 점만 말하느냐입니다. 물론 대놓고 하라는 얘기는 아닐 터이지만… 그렇지만 분명한 것은 군자는 다른 사람에 대해 항상 좋은 점만 이야기한다는 것입니다. 그렇다면 이 '다른 사람' 속에는 윗상사가 포함될까요? 안 될까요? 당연히 포함되겠죠. 이 말인즉, 군자는 윗사람에게도 좋은 점만 이야기한다는 뜻이지요. 굳이 윗사람에게 하는 칭찬이 아부라고 지레 알레르기 반응할 필요 없다는 얘기입니다. 또 이런 고민에 빠진 사람도 있겠죠.

"괜히 잘못 칭찬했다가 사실과 다르면 어떡하지? 되려 욕먹는 거 아냐?"

잘못하면 안 하느니 못하다는 것인데… 괜히 서투른 아부했다가 덤탱이 쓸 바에는 안 하는 것이 낫다는 뜻이겠죠. 하지만 그것 역시 결코 걱정할 것이 아닙니다. 왜냐면 누군가가 그랬듯이 비록 그 칭찬은 그것이 사실이 아님이 밝혀질지라도 윗사람에게 해가 되지 않기 때문입니다. 예를 들어 "사장님 그렇게 차려입으시니 멋진 영화배우예요!"라고 해 봅시다. 그 말이 사실이 아닐지라도 기분 나빠할 사장님이 있겠습니까? 또 "우리 전무님 외국 명문대학에서 박사를 했대요"라고 했다고 합시다. 그것이 사실이 아닌들 그것 때문에 올라오라고 해서 혼내겠습니까? 허위사실 유포라고 징계하겠습니까? 사실이 아니더라도 본인에게 절대 허물이 되지 않기 때문에 사실이 아닐지라도 명예훼손 죄로 들어가지 않습니다. 오히려 그것을 안 밝히려고 할지도 모르죠. 칭찬과 아부는 윗사람이든 아랫사람이든 동료든 선후배든 이처럼 듣는 모든 사람을 기분 좋게 하는 활력비타민 같습니다. 돈 한 푼 들지 않고도 쓸 수 있는 오래된 비밀병기입니다. 그런데 이것 쓰기를 아까워해야 할 까닭이 있습니까?

시기심

아담한 골목 안에 두 가게가 마주 보며 있었습니다. 서로 손님을 빼앗기지 않기 위한 경쟁이 치열했지요. 어느 날 한쪽 가게 주인에게 신이 나타나서 한 가지 소원을 말해보라고 했습니다. 대신 그가 소원하는 것의 두 배를 맞은편 가게 주인에게 해 주겠다고 했죠. 소원을 비는 것은 너무나 좋은데 맞은편 가게 주인이 자기보다 두 배나 더 받는 것이 도무지 마음에 걸렸습니다. 한참 고민 끝에 이렇게 말했죠.

"내 한쪽 눈을 뽑아 주세요."

시기심은 이처럼 독사의 독처럼 무섭습니다. 자신의 눈을 빼서라도 상대방의 두 눈을 뽑고 싶은 마음, 그것이 시기심입니다. 중세시대 그레고리우스는 “시기심은 상대방의 행복에 대한 ‘애통’과 상대방의 곤경에 대한 ‘환호’라는 두 딸을 낳는다”라고 말했습니다. 상대방이 자기보다 잘 되면 가슴치고 아파하다가도 곤경에 빠지면 두 손 들고 기뻐한다는 것입니다. 정말 놀부 심보 저리 가라지요? ‘시기 질투 우리 모두 버리고 우리 서로 사랑해’란 찬양을 하면서도 시기심을 버리는 것은 쉽지 않습니다. 이런 시기심의 특징은 무엇일까요?

시기심은 주로 가깝거나 자기와 비슷한 사람 사이에서 일어나는 버릇이 있습니다. 친구가 친구에게 동료가 동료에게 친척이 친척에게 가수가 가수에게 정치가가 정치가에게 집사가 집사에게 시기합니다. ‘사촌이 땅을 사면 자기 배가 아프다’는 말이 그래서 있습니다. 나와 가깝고 비슷하니까 잘 되면 내 배가 아픕니다. 태평양 건너 미국에 사는 사람은 백만 평 땅을 사도 안 아픈데 평소에 늘 보던 사촌이 백 평 땅만 사도 아픕니다. 이런 시기심의 문제점은 무엇일까요? 그것에 한번 사로잡히면 헤어나기 어렵다는 것입니다. 마치 사람이 상대방을 못 되게 하고 끌어내는 것이 목표인 것처럼 변해버립니다.

바다에서 한 어부가 게를 잡아 왔습니다. 그는 볼일이 급하다며 게가 가득한 통을 뚜껑도 덮지 않고 가려고 했습니다. 옆에 있던 사람이 깜짝 놀라 말했습니다.

"잡은 게들 바깥으로 나가버리면 어쩌려고요?"

"재네들, 절대 못 나옵니다. 한 마리가 올라가려 하면 다른 게가 끌어내려 버리거든요."

시기심이 이렇습니다. 옆에 사람이 올라가는 것을 꼴을 못 봅니다. 쇼펜하우어는 "인간은 남이 가진 걸 보면 본능적으로 마음이 쓰라리게 된다"라며 시기심의 병폐를 꼬집었습니다. 사람의 마음속을 훤히 꿰뚫고 있는 것이지요. 진짜로 시기심이 심해지면 위염이 생기고 위장병 약을 먹어야 합니다. 그런데 그 정도면 약과입니다. 더욱 심한 것은 시기심이 몸뿐이 아니라 인생도 망치게 한다는 사실입니다. 그리고 그 시기심의 가장 큰 피해자는 자기 자신이죠.

사울은 어느 날 갑자기 왕으로 선택받아 이스라엘 왕국의 첫 번째 왕이 되었습니다. 그는 복도 많아서 믿음 좋고 용감한 아들 요나단이 있었고 관우와 조자룡 같은 장수들도 많았습니다. 다윗도 그들 중의 하나였죠. 그런데 거리에서 외친 여인들의 노랫소리를 듣고 시기심에 사로잡혀 버렸습니다. "사울은 천천이요, 다윗은 만만이라"라는 여인들의 노랫소리 말입니다. 그저 전쟁에서 승리한 다윗을 환영하고 축하하는 노래였는데 사울은 다윗이 당장이라도 왕이 될 것이라고 생각했죠. 아무리 잘나봐야 신하는 신하이고 왕은 왕인데요. 하지만 사울은 시기심에 눈이 멀어 분별력을 잃어버렸습니다. 국가의 번성을 위해 왕 노릇 해야 할 시간 대부분을 다윗을 죽인다고 쫓아다니다 써 버렸습니다. 다윗같이 유능한 장수를 활용해 보지도 못하고 말입니다. 결국 그의 생애는 블레셋과의 전투에서 패전함으로 끝이 났습니다. 그때야 그의 시기심도 멈추었죠. 유능한 장수가 있어서 좋았던 것이 아니라 유능한 장수가 있어서 망했습니다.

셰익스피어도 그의 희곡 오셀로(Othello)에서 시기심의 해악을 고발했습니다. 희곡의 주인공인 흑인 장군 오셀로는 베네치아 공화국의 대단한 가문에 미모까지 겸비한 데스데모나와 결혼했습니다. 흑인이자 노예 출신이었던 오셀로는 그녀에 대한 열등감을 지울 수 없었습니다. 문제의 발단은 오셀로가 카시오란 사람을 그의 부관으로 임명하면서부터였습니다. 원래 그 자리는 그의 기수였던 이야고가 탐내고 있었습니다. 사악한 이야고는 자기가 차지할 자리를 다른 사람이 차지하자 분노와 시기심이 들끓어 카시오를 죽일 음모를 꾸몄습니다. 카시오와 오셀로의 아내 데스데모나가 불륜을 저지른 것처럼 만들기로 했던 것입니다.

오셀로는 이야고의 덫에 제대로 걸려들었죠. 카시오와 데스데모나의 불륜을 의심하게 되었고 시기심에 불타 아내를 목 졸라 죽이고 말았습니다. 나중에 그 모든 것이 오해였다는 사실을 알게 되었지만 아내는 이미 세상에 없었죠. 시기심은 이처럼 독버섯처럼 지독하고 자기 파괴적입니다. 건질 것이 하나도 없습니다. 그럼에도 불구하고 시기심은 오늘날까지 많은 사람들을 추종자로 두고 있습니다. 직장, 학교, 교회, 가정 할 것 없이 사람과 사람 사이에서 시기심은 활개 치며 돌아다닙니다. 여전히 사람들은 시기하고 미워하고 다툽니다. 그 사람들은 시기심이 어떤 건지 진짜 모르고 있는 걸까요?

불행한 선택

애플의 창업자 스티브 잡스가 컴퓨터 회사 창업을 계획할 때였습니다. 그에게 컴퓨터 개발에 능한 워즈는 반드시 필요한 존재였습니다. 그러나 워즈는 당시 대기업 HP의 직원인 데다가 잡스의 사업 계획에도 별로 흥미를 못 느껴 반응이 무덤덤했죠. 잡스는 자기 대신 워즈를 설득시켜 주고 나중에 워즈와의 마찰이 있을 경우 중재도 해 줄 사람이 절실했습니다. 그에 적합한 사람으로 로널드 웨인을 생각했죠. 그는 잡스가 아타리라는 회사에서 잠깐 일할 때 만났는데 그 회사 제품 디자인 전문가로 일하고 있었습니다. 잡스보다 스무 살 위였고 전에 사업을 해본 경험도 있어서 잡스에게 제격이었습니다. 잡스는 웨인을 찾아가서 그의 사업 계획을 보여주며 동업해주기를 부탁했습니다. 웨인은 그 사업이 괜찮아 보여 잡스와 동업하기로 했고 워즈를 설득시켜 그들의 동업자로 합류시켰습니다. 잡스의 바람대로 되었죠. 잡스는 이 일의 보답으로 웨인에게 회사 지분 10%를 배당해 주었습니다.

1976년 4월 1일 역사적인 날이 왔습니다. 이날 잡스와 워즈와 웨인, 이 세 사람이 웨인의 아파트에서 모여 정식으로 '합자 사업 계약서'에 서명했으니까요. 사업 자금은 총 2,800달러인데 2천 달러는 잡스가, 8백 달러는 웨인이 댔습니다. 워즈는 자금 대신 컴퓨터 기술로 참여했습니다. 지분 비율은 잡스 45%, 워즈 45%, 웨인 10%.

세 명이 사업 계약서에 서명한 지 11일 후였습니다. 갑자기 웨인이 '동업자 사퇴서'와 합자 사업 계약서 수정본을 들고 잡스와 워즈를 찾아왔습니다. 그가 동업에서 빠지겠다는 것입니다. 할 수 없이 잡스는 웨인의 요구대로 해주었고 그의 출자금은 나중에 원금에 700달러를 더 보태서 돌려주었습니다. 이후 잡스와 워즈가 차린 회사는 폭풍 성장을 했고 주가는 가파르게 올라갔습니다. 웨인의 포기했던 지분 10%만 해도 2010년 기준으로 주식의 평가액은 약 26억 달러 나 되었으니까요. 원화로 약 2조가 넘는 액수였습니다. 그 엄청난 돈을 웨인은 포기했던 것입니다.

그렇다면 그 당시 웨인은 어떻게 살고 있었을까요? 그는 네바다 주 파럼프에 있는 작은 집에서 정부연금으로 겨우 연명하고 있었습니다. 동업자에서 빠지지 않았다면 2조란 돈의 주인으로 넉넉하게 살고 있었을 텐데요. 어떤 사람이 한번은 웨인에게 찾아가서 과거에 10% 지분을 포기한 결정을 어떻게 생각하는지 물어보았습니다. 웨인은 의외로 담담하게 대답했습니다.

"그때는 그것이 최선의 결정이었어요. 후회는 없어요."

버스 지나고 손들어 봐야 소용없다는 것을 알아서였을까요, 아니면 진짜 그런 마음이었을까요? 본인이 최선의 결정이요, 후회가 없다는데 무슨 토를 달 수 있겠습니까? 그럼에도 불구하고 사람들은 웨인의 선택이 매우 안타까웠나 봅니다. 웨인의 선택에 '불행한 선택'이라는 이름을 붙였으니까요. 우리는 그래도 머릿속에 궁금증이 사라지지 않습니다.

"왜 웨인은 그런 선택을 했을까?"

웨인은 그것이 왜 최선이라고 생각했느냐는 말입니다. 남이 봐도 아쉽게 시리! 사실 그가 동업포기를 선택한 것은 그의 심리요인과 관계되어 있었습니다. 불안하고 두려운 심리 말입니다. 무슨 말이냐고요? 웨인은 잡스가 사업 제안을 해오기 전에 사업경험이 있었다고 했는데 사실, 그것은 실패한 경험이었습니다. 그 사업 실패로 그는 가졌던 모든 것을 잃었고 대신 남은 것은 좌절감과 불확실한 미래와 부채뿐이었습니다. 많은 시간을 웨인은 밑바닥 인생을 살면서 빚 갚는 고통의 세월을 보내야 했습니다. 쓸개처럼 쓴 기간이었죠. 잡스가 동업을 제안해 왔을 때만 해도 웨인은 모든 부채를 청산하고 반듯한 직장과 안락한 집과 어느 정도 경제적인 여유도 있을 때였습니다. 부자는 아니었어도 큰 걱정 없이 지낼 수 있었죠. 말하자면 그에게는 잃을 것이 있었던 것입니다. 드라마에서 이런 류의 대사가 심심찮게 나오지 않습니까?

"조심해. 잃을 것 없는 사람은 못 할 것이 없으니까"

잃을 것이 없는 사람은 어차피 잃을 것이 없으니까 무서운 것이 없다는 말입니다. 웨인은 그 반대였습니다. 그동안 간신히 복구하고 쌓아 놓은 것이 얼마인데요. 사업이 성공하면 몰라도 그 반대로 실패한다면 어떻게 될까요? 모든 투자액을 잃는 것은 두말할 것도 없고 회사의 부채까지 떠맡아야 할 수도 있습니다. 잡스는 스무살이나 어리니 재기할 기회도 있겠지만 자기는 나이도 많은데 언제 부채를 해결하고 언제 안정된 생활을 회복하느냔 말입니다. 잘못하면 빚 갚다 인생 끝날지도 모릅니다. 사업실패로 쓴잔을 마셔본 그였기에 실패에 대한 생각은 두려움으로 진저리를 치게 했을 것입니다. 사람들이 불행한 선택이라고 했던 그의 동업 포기는 단순한 변심이 아니었던 것입니다.

우리나라 사람들이 서양이나 서양문물을 만나보지 몰랐을 때였습니다. 1847년 여름, 프랑스 군함 두 척이 전라도 앞바다에서 암초에 걸려 신치도라는 섬에 닿았습니다. 관리들은 그 배에서 대포와 총기류 등을 재빨리 창고로 옮겨와 문을 잠갔습니다. 그런데 그 뒤로 마을 사람들은 두려움과 공포로 한시름을 놓을 수 없었습니다. 왜냐면 창고 안에서 똑딱똑딱하는 요상한 소리가 계속 새어 나왔기 때문입니다. 마을 사람들은 약탈한 무기들 속에 시계가 들어 있는 줄을 알 턱이 없었죠. 그들은 그 소리가 일주일이나 계속되자 공포의 도가니 속에 빠져 마을 사람들이 모여 의논했습니다.

'서양 귀신이 우리 섬을 해치기 위해 일부러 도깨비를 떨어뜨려 놓고 간 게 틀림없다!' '당장 굿판을 벌여 서양 도깨비를 몰아내자!'

들어가서 확인하면 금방 그 원인이 밝혀질 텐데 두려움이 너무 커서 감히 그 문을 못 열었습니다. 금방이라도 서양 귀신이 튀어나와서 해코지하면 어떻게 한단 말입니까. 끊임없이 들려오는 똑딱거림에 마을 사람들은 너무나 무서워서 용하다는 무당을 불러 한바탕 굿을 했습니다. 그랬더니 그 소리가 뚝 그쳤죠. 서양 귀신이 물러갔나요? 사실은 우연의 일치로 감겼던 시계의 태엽이 다 풀어져 소리가 멈추었던 것입니다. 마을 사람들은 서양 귀신 물러갔다고 좋아했겠지요. 지금 생각하면 공포심이 만들어 낸 해프닝

이었습니다

어디 두려움뿐이겠습니까? 사람이 무엇이든 어떤 감정에 빠지면 그렇게 됩니다. 실제적인 것을 제대로 못 보고 오판을 하게 되죠. 이러한 것은 단지 두려움이란 감정만의 문제가 아닙니다. 어느 감정이든 마찬가지입니다. 하나의 감정에 사로잡히면 그것 때문에 잘못된 판단을 하고 잘못된 선택을 하게 됩니다. 불안, 분노, 사랑, 미움, 슬픔, 우울 등 모두 별다르지 않습니다. 감정은 사실을 속이고 사실을 부풀리기 때문입니다. 그래서 그 감정 따라 선택하면 열이면 열 다 후회하게 됩니다. 즉 불행한 선택을 하게 됩니다. 그러면 어떤 감정에 자꾸 빠지게 되면 어떻게 해야 할까요? 서두르지 말고 일단 가만히 기다려 보십시오. 흙탕물도 기다리면 맑아지듯이 가만히 있으면 감정도 내려앉습니다. 그 후 실체가 보일 것입니다. 새벽녘에 빛나는 샛별 같은 실체가 말입니다. 선택은 그때 해도 늦지 않습니다.

의술이냐 믿음이냐

알렉산더 대왕이 정복 전쟁 중에 갑자기 큰 병에 걸렸습니다. 알렉산더의 수행의들은 그의 병을 치료하려고 노력했지만 원인을 알 수 없었습니다. 어떤 사람은 '전쟁의 피로 때문이다', 어떤 사람은 '얼음장같이 찬 키드누스 강에서 목욕했기 때문이다'라고 했습니다. 병명도 모르는데 어떻게 치료할 수 있을까요? 괜히 나섰다가 잘못되기라도 하면 모든 책임을 져야 하기 때문에 다들 열중쉬어 하고 있었습니다. 그때 손을 조용히 들고 나선 사람이 있었으니 알렉산더가 신뢰하는 의사 필리포스였습니다. 그는 먼저 알렉산더의 병세를 다시 면밀하게 살핀 후에 자신의 모든 지식과 경험을 총동원하여 탕약을 조제했습니다. 바로 그즈음이었습니다. 힘없이 병상에 누워있던 알렉산더에게 한 통의 편지가 도착했습니다. 다른 지역에 주둔해 있던 부하 장군 파르메니오의 편지였습니다.

"대왕님, 필리포스는 다리우스 왕의 뇌물을 받고 대왕을 독살할 자이니 부디 조심하세요."

알렉산더는 편지를 읽은 후 아무에게도 알리지 않은 채 베개 밑에 살짝 넣어 두었습니다. 약 먹을 시간이 되자 필리포스는 그런 사실도 모른 채 자신이 직접 조제한 약을 들고 다른 신하들과 함께 들어왔습니다. 알렉산더는 베개 밑의 편지를 아무 말 없이 필리포스에게 건네주고 태연히 약을 받아 마셨습니다. 그 후 힘이 빠져 잠이 들었는데도 필리포스에게 아무런 제재도 가하지 않았죠. 다행히 이후 잠에서 깨어나 알렉산더는 몸이 회복되었고 남은 정복 전쟁을 이어갈 수 있었습니다. 알렉산더를 살린 것은 필립포스의 의술이었을까요? 알렉산더의 믿음이었을까요?

우리나라에도 비슷한 예가 있습니다. 선조23년(1590) 12월이었습니다. 왕자 광해군이 천연두란 전염병에 걸렸습니다. 천연두는 '마마병'이라고 불릴 만큼 무서운 병이라서 고치기도 어려웠고 그 병으로 죽어가는 사람도 많았습니다. 왕궁에 있는 왕자라고 피해갈 수는 없었죠. 궁궐에서는 비상이 걸렸고 의관들은 바쁘게 오가며 고치려고 애썼지만 병은 깊어만 갔습니다. 혹시 고쳐보려다가 탈이라도 나면 책임추궁이 무서운 것을 알기 때문에 다들 바라만 보고 침묵하고 있었습니다. 이때, 우리의 호프 허준이 손을 번쩍 들고 자기가 고쳐보겠노라고 나섰습니다. 죽어가는 환자를 위해서는 무엇이든 해야 한다는 의원으로서의 책임감이 그를 밀어냈겠죠. 선조는 허준의 심성과 실력을 아는지라 그를 믿고 맘껏 치료해 보라고 허락했습니다.

허준은 자신만의 처방으로, 먼저 왕자를 매우 뜨거운 열기 속에 있게 했습니다. 이것은 일종의 마지막 수단으로 하는 극약처방과 같았습니다. 그 병의 증세 자체가 열이 나는 것인데 그 열에 열을 더하게 했으니까요. 예상대로 병의 증세가 더욱 심각해져서 왕자는 초주검이 되어갔습니다. 이때다 싶어 지켜보고 있던 다른 의관들이 허준을 일제히 공격하기 시작했습니다. 왕자를 위태롭게 한 죄를 물어 허준을 탄핵하고 죽여야 한다는 상소가 빗발쳤죠. 그렇지만 선조는 허준에 대한 믿음은 바위 같아서 누가 뭐라고 해도 꿈쩍하지 않았습니다. 오히려 선조는 허준에게 괜찮으니 소신껏 치료해보라고 했습니다. 허준은 사흘간 더욱 독한 약을 써서 왕자가 충분히 앓게 했고 왕자는 독한 약 기운에 혼절을 거듭하다가 며칠 만에 마침내 완쾌되었습니다. 광해군을 살린 것은 허준의 의술이었을까요? 선조의 믿음이었을까요?

알렉산더나 광해군이 살아난 것은 탁월한 의술에 그 의술을 충분히 쓸 수 있도록 믿어 준 믿음이 있었기 때문입니다. 아무리 의술이 뛰어난다고 해도 쓸 기회를 안 주는데 어떻게 병을 고칠 수 있겠습니까. 약으로 쓰러지더라도, 더욱 악화되어 초죽음이 되더라도 끝까지 믿어주었기 때문에 가능했던 것입니다. 믿거나 안 믿거나 자유겠지만 안 믿으면 그 피해는 고스란히 자신의 몫입니다. 삼국지에 나오는 조조가 의심 때문에 그 피해를 그대로 받은 사람입니다.

그가 동탁을 암살하려다 실패해서 진중이라는 사람과 함께 도망갈 때였습니다. 도중에 하룻밤을 그의 부친의 절친 여백사 집에 들렀습니다. 여백사는 조조를 반갑게 맞으며 집안사람들에게는 음식장만을 하게 하고 자신은 술이 떨어져 술 받으러 밖으로 나갔습니다. 조조와 진궁이 방 안에서 기다리고 있을 때였습니다. 집 뒤에서 칼 가는 소리와 대화하는 소리가 들렸습니다. 깜짝 놀라 몰래 문 쪽에 귀를 기울였습니다.

"묶어서 죽일까, 그냥 죽일까."

"혹시 놓치면 큰일이니 묶어서 죽이는 게 낫겠네."

조조와 함께 있던 진궁은 순간 배신감에 눈이 뒤집혔습니다. 부친의 친구라서 믿고 들어 왔는데 자기들을 죽이려고 하다니요! 순간 뛰쳐나가 그 집 안에 있던 여덟 사람을 다 죽여 버렸습니다. 그리고 돌아서 부엌 뒤로 가는데 아뿔싸, 돼지 한 마리가 묶인 채 발버둥 치고 있었습니다. 모두 조조의 의심과 오해가 빚어낸 참상이었죠. 서둘러 그 집에서 도망쳐 나왔는데 이번에는 길에서 술 받아 오던 여백사를 만났습니다. 어떻게 했죠? 후한이 무서워 그마저 무참히 죽여 버렸습니다. 의심의 결과는 잔인하기만 했죠. 조조의 의심병은 여기서 끝나지 않았습니다.

그가 위나라 왕으로 있을 때 늘 시달리던 두통에 죽을 것 같아 당시 명의로 소문난 화타를 불렀습니다. 화타는 관우가 독화살을 맞았을 때 독이 퍼진 뼈를 깎아내는 수술로 그를 살려낸 사람이었습니다. 화타는 조조의 병을 진단한 후에 그의 치료 방법을 조조에게 말했습니다.

"두통을 없애려면 마취한 후 예리한 도끼로 머리를 가르고 두통의 원인을 제거해야 합니다."

두통을 없애는 것은 좋은데 도끼로 머리를 가른다는 말에 조조가 화들짝 놀랐습니다. 옆에 있던 신하들은 그것은 조조를 죽일 음모라고 속삭였죠. 의심 많은 조조는 그 말에 동조했고 수술을 거부해 버렸습니다. 그것도 모자라 적국에게 이로울까 염려하여 화타를 죽이라는 명령까지 내렸습니다. 그 역시 그 병으로 죽었고요. 믿지 못하는 의심병이 남도 죽이고 자신도 죽이게 했던 것입니다. 믿음이 사라지면 그 자리는 의심이 차지하고 의심은 고통이란 친구를 불러옵니다.

예수님께서도 공생애 동안 그의 제자들에게 심어 주고 싶었던 것이 바로 '믿음'이셨습니다. 여러 다양한 기적들을 통한 시청각 교육과 그것에 대한 설명으로 제자들이 강한 믿음을 갖기를 원하셨습니다. 정말로 믿음 있는 사람이 되기를 갈망하셨습니다. 하지만 제자들의 믿음은 '님은 먼 곳에'처럼 늘 머나먼 곳에 있었습니다. 툭하면 예수님은 제자들의 분실된 믿음을 찾아야 하셨습니다. "너희 믿음이 어디 있느냐?"라고. 죽은 사람을 살리고 바다 위를 걸어도 제자들은 "저가 뉘시기에!"라고 입 벌려 놀랄 뿐 믿음은 왔다가 쏜살같이 사라졌습니다. 그리고는 자기들은 능력이 나타나지 않는다고 이상하게 생각했습니다. 오늘날 우리들은 어떤가요? 믿음 없어 능력을 행치 못하면서 이런 불평을 하지 않습니까?

"암만 믿어도 안 되는데? 도대체 왜 안 되는 거야!"

정말 믿어도 안 되었던 걸까요? 믿었던 척했던 것은 아니고요? 의심이 살짝 방문했었던 것은 아니고요? 아무리 믿는다고 해도 의심이 왔다 가면 그 즉시 믿으나 마나가 됩니다. 베드로가 물 위를 걷다가 빠진 원인이 그것 아니었나요? 순간 찾아든 의심 때문 말입니다. 물속에서 살려달라고 허우적대는 베드로를 잡아주면서 예수님은 이렇게 말씀하셨습니다. "왜 의심하였느냐"라고.

의심은 믿음을 맛있게 해주는 양념이 아니라 믿음을 망치는 독입니다. 믿음에 의심이 들어가는 즉시 믿음은 무용지물이 됩니다. 믿음은 철저히 끝까지 믿어야 믿음입니다. 어떤 사람은 이렇게 따지고 싶은 마음도 들 것입니다. "에이, 믿은 만큼이라도 해줘야 되는 거 아녜요?" 네, 안 됩니다. 믿음은 속된 말로 모 아니면 도입니다. 극단적으로 엄합니다. 99퍼센트를 믿고 1퍼센트를 의심해도 그 1퍼센트 의심 때문에 모든 믿음은 수포로 돌아갑니다. 흔들리는 우정은 있어도 흔들리는 믿음은 없습니다. 백 퍼센트 믿음만이 구원의 능력이 되고 삶의 능력이 됩니다. 믿음은 모든 것을 연결해주는 끈입니다. 믿음이 없으면 다 헛것이 됩니다.

마인드가 달라

개그맨 김병만의 말에 따르면 그의 가족이 모두 작은 것으로 평균치라고 합니다. 병만은 물론 엄마, 아빠, 누나, 여동생까지 모두 157센티에서 160센티 사이입니다. 어릴 때부터 키가 유독 작았던 병만은 친구들에게 동네북이었습니다. 툭하면 덩치 큰 친구들에게 두들겨 맞고 다녔습니다. 그날도 병만은 친구들에게 맞아 코피를 흘리며 집으로 들어왔습니다. 방문이 벌컥 열리더니 엄마가 뛰어나와 빗자루를 가지러 갑니다. 병만은 속으로 생각했습니다.

"날 때린 놈들 이제 죽었어!"

병만의 이런 생각은 오판이었음이 금방 드러났습니다. 엄마의 빗자루가 병만을 향해 날아왔으니까요. 엄마는 빗자루로 병만을 후려치면서 버럭 소리 질렀습니다.

"이 썩을 놈아, 또 맞고 왔냐? 남 먹는 거 다 먹는데 왜 맞고 다녀? 넌 손이 없어. 발이 없어. 작아? 작다고? 작은 게 뭐? 힘 없으면 돌로라도 찍고 와. 내가 책임질 텡께."

병만은 빗자루로 맞았는데 망치로 띵! 하고 맞은 것 같습니다.

"뭐라고? 작다고 맞는 게 아니라고?"

그날 엄마가 하신 말씀 때문에 병만의 마인드가 완전히 바뀌어 버렸습니다. 그때까지 병만은 자기가 작으니까 맞는 것이 당연하다고 생각했습니다. 그런데 그게 아니었습니다. 그 뒤로 병만의 모습은 완전히 달라졌습니다. 맞아도 그냥 맞지 않고 죽자고 덤볐습니다. 열 대 맞고 한 대 때려도 계속 덤볐습니다. 맨날 때리면 맨날 덤볐습니다. 그러다 보니 자기도 모르게 싸움 기술이 늘었고 맞는 횟수도 점점 줄어들었습니다. 어느 순간 그를 괴롭히던 친구들이 싹 사라져 버렸습니다. 얼마 후에는 그를 괴롭히던 친구들이 화해의 악수를 건넸습니다. 그때부터 병만은 덩치들의 친구가 되었고 작은 친구들의 영웅이 되었습니다. 김병만이 쓴『꿈이 있는 거북이는 지치지 않습니다』에 나오는 이야기입니다.

사람은 똑같은데 마인드가 달라지니 사는 모습도 달라집니다. 마인드는 사람의 행동을 지배하고 삶의 형태를 좌우합니다. 마인드가 바뀌니 맞던 사람이 안 맞는 사람이 되고 어제의 괴롭히던 사람이 오늘의 친구가 됩니다. 병만이 마인드가 바뀌지 않았다면 그의 사는 날이 얼마나 괴롭고 힘들었을까요? 작게 낳아 준 어머니를 탓하고 때린 친구를 탓하고 힘없고 용기 없는 자신을 탓하며 지냈을지 모릅니다. 마인드를 지배하면 사람을 지배하는 것입니다.

예로부터 독재자들은 국민을 복종시키기 위해 국민들의 정신교육부터 했습니다. 마인드를 바꾸기 위한 수단입니다. 가까운 나라 일본도 '메이지 유신' 때 그렇게 했습니다. 천황을 숭배하도록 하기 위해 학교에서 학생들에게 정신 교육을 반복했습니다. 일종의 세뇌 교육입니다. 선생들은 수업 전에 학생들에게 이렇게 반복해서 물었습니다.

"가장 고귀한 이상이 무엇이냐?"

그러면 학생들은 이렇게 대답해야 했습니다.

"천황 폐하를 위해 죽는 것입니다."

2차 세계대전 때 일본 젊은이들이 "천황 폐하 만세!"를 외치며 죽어간 것이 이런 정신 교육의 결과물이었습니다. 그들은 가미카제 자살부대원이 되어 전투기를 몰고 미 항공모함 굴뚝으로 처박히면서도 천황폐하 만세를 외쳤습니다. 오늘날 3대째 독재정치를 하고 있는 북한이 유일무이하게 국민들을 정신교육을 시킨다는 사실은 탈북자들 증언만 해도 충분합니다. 외부의 정보들은 차단하고 어릴 때부터 한 곳만 생각하고 바라보게 하니 통제된 삶을 살면서도 잘 모릅니다. 그것이 전부인 줄 압니다.

북한에서 그 사회의 열성분자였던 한 여성이 탈북했습니다. 그녀는 자신이 탈북을 한 이유는 한국 드라마 때문이었다고 말했습니다. 그 사회가 전부인 줄 알았는데 친구를 통해 한국 드라마를 보면서 그 생각이 깨져 버렸습니다. 드라마 속에 나오는 한국 사회의 발전된 모습은 그때까지 배웠던 것과 너무 달랐던 것입니다. 그녀는 더 많이 한국에 대해 알아보았고 결국 탈북하게 되었습니다. 탈북의 시작은 마인드의 변화에서부터였습니다. 어떤 마인드를 가지느냐에 따라 사람이 달라집니다.

두 사람이 함께 길을 가다가 전봇대에 붙은 구인광고를 봤습니다. 한 사람은 "저기에 취직하면 얼마나 받을까?"를 생각했고 다른 한 사람은 "저런 공장을 하려면 어떻게 해야 할까?"를 생각했습니다. 한 사람은 월급 받은 직원이 되었고 다른 한 사람은 월급 주는 사장이 되었습니다. 같은 공간과 시간 속에서 살아도 마인드가 다르면 다르게 삽니다.

엠제이 크마코의 『부의 추월차선』에 나오는 추마와 아주르의 삶이 그런 경우라고 할까요? 어느 날 이집트 왕이 조카 추마와 아주르를 불러서 한 가지 제안을 했습니다. 각자 피라미드를 하나씩 지어서 바치면 즉시 왕자의 지위와 많은 재물을 주고 평생 화려하게 살게 해 주겠다는 것이었습니다. 조건은 피라미드를 반드시 혼자서 지어야 하는 것이었죠.

추마와 아주르는 궁궐을 나온 즉시 피라미드 건축 작업을 시작했습니다. 행동파 아주르는 곧장 일부터 시작했죠. 먼저 무거운 사각 돌을 날라서 기초가 되는 사각형을 만들기 시작했습니다. 돌이 무거워 속도는 느렸지만 쉬지 않고 일을 했습니다. 조금씩 모양새가 잡혀갔고 보는 사람들은 대단하다고 칭찬했습니다. 그렇게 1년이 지나자 완벽한 사각 형태가 갖추어졌죠. 그렇지만 추마는 그동안 돌을 쌓기는커녕 집 안에서 뭔가를 만드는 데만 열심이었습니다. 아주르는 그런 추마를 보고 한심하다는 듯이 말했습니다.

"추마, 너 뭐 하니. 집 안에서 이상한 기계만 만지작거리고! 피라미드 안 만들 거야?"

"신경 끄세요. 난 피라미드를 만드는 중이니까."

"바보 같은 놈, 그러다가 죽는 수가 있다."

"신경 끄시라니까? 나중에 봐."

아주르는 추마의 행동을 비웃으며 나와서 다시 열심히 피라미드를 쌓아갔습니다. 그런데 문제가 생겼습니다. 돌이 너무 무거워서 두 번째 단을 쌓을 수 없었죠. 어떻게 해야 할까요? 그는 이집트에서 가장 힘센 베누를 찾아갔습니다. 그에게 돈을 주고 그와 함께 강한 근육을 만들어서 다시 두 번째 단을 쌓아갔습니다. 아무리 힘이 강해도 홀로 무거운 돌을 올려 쌓기는 너무 힘들었습니다. 속도도 느려져서 돌을 하나 올리는 데 한 달이 걸리기도 했습니다. 쌓는 층이 높아질수록 힘은 몇 배 들었고 속도도 그만큼 느려졌습니다. 그때마다 운동을 열심히 해서 근육을 키워 다시 돌을 올리곤 했습니다. 돌이 올라가는 시간은 점점 길어졌고 몸이 지쳐갔죠. 그러지만 아직도 텅 비어 있는 추마의 피라미드 자리를 보면서 위로받곤 했습니다.

"바보 같은 녀석, 아직도 아무것도 안 하네. 3년만 지나 봐라. 넌 영원히 날 못 따라올 거니까."

그날도 아주르가 죽을힘을 다해 돌을 올리고 있을 때였습니다. 갑자기 광장 한쪽에서 큰 소리를 내며 추마가 나타났습니다. 그는 지지대, 바퀴, 지렛대, 밧줄 등이 복잡하게 연결되어 있고 높이가 10m나 되는 기계를 옮겨 오고 있었죠. 추마는 그 기계를 피라미드를 세울 자리에 놓고는 무거운 돌을 번쩍번쩍 들어 기초를 쌓기 시작했습니다. 아주르가 1년 만에 쌓은 기초 대형을 단 1주일 만에 끝내 버렸고 40일이 지나자 아주르가 3년간 쌓은 것을 추월해 버렸습니다. 그런 식으로 작업을 하여 추마는 피라미드를 딱 8년 만에 완공해버렸습니다. 추마는 왕의 약속대로 왕자의 지위와 재물을 받아 남은 생을 유유자적하게 살았습니다. 아주르는 죽을 때까지 피라미드만 쌓고 있었고요. 늦게라고 추마를 따라 했으면 좋았을 텐데…

같은 조건인데도 마인드가 다르니까 다른 삶을 삽니다. 사람들은 마인드에 고정되어 그것에 맞추어 살아갑니다. 마인드가 달라지면 더 나은 삶을 살 수 있음에도 불구하고 생각을 바꾸기 싫어서 같은 삶을 살아갑니다. 단순작업을 해도 어떤 사람은 그냥 직원이라는 소리를 듣는데 어떤 사람은 '달인' 소리 듣는 것은 왜 그럴까요? 단지 재능이 아니라 생각이 달랐던 것입니다.

"내버려 둬. 그냥 생긴 대로 살게!"

이렇게 말하는 사람이 간혹 있습니다. 그래요. 그렇게 생각할 수도 있지요. 그런데 그런 말이 삶에 대한 체념이나 게으름에서 나온 것은 아니겠지요? 생긴 것 얘기 나왔으니 말이지만, 요즘은 생긴 것도 고치는 세상 아닙니까? 생긴 대로 안 살고 맘에 안 드는 부분 좀 고쳐서 자기가 하고 싶은 것도 하고 폼 나게 사는 연예인도

적지 않잖아요? 문득 이런 생각이 듭니다.

"생긴 것만 고쳐도 그렇게 달라지는데 마인드를 바꾸면 얼마나 많이 달라질까."

사람을 바꾸려면

1999년에 워터에이드(Water Aid)라는 단체는 방글라데시 북부의 여러 마을에 화장실을 만들어 주었습니다. 비위생적인 야외 배변을 방지하기 위해서였죠. 야외 배변은 많은 사람들을 구충, 회충 등으로 인한 질병에 시달리게 하거나 죽음으로 몰아갔습니다. 대체로 사람들은 워터에이드에서 지어준 화장실을 잘 사용했지만 일부 마을 사람들은 여전히 야외 배변 습관을 버리지 못했습니다. 어떤 마을에서는 화장실을 해체해서 다른 용도로 쓰기도 했고 심지어 이렇게 반문하기도 했습니다.

"화장실이 우리 집보다 깨끗한데 왜 거기에다 똥을 눠요?"

워터에이드에서는 야외 배변 습관의 문제는 화장실이 아니라 인식의 문제임을 깨달았습니다. 사람들의 인식을 어떻게 바꿀 수 있을까? 이 숙제를 풀기 위해 고민을 거듭했고 그들은 '통합위생개선 프로그램'을 개발했습니다. 일명 '인식 바꾸기 프로그램'입니다. 이 프로그램은 진행은 이렇게 합니다.

먼저 프로그램을 맡은 진행자가 야외 배변 개선이 필요한 마을로 찾아갑니다. 마을 사람들이 모이면 진행자는 그들을 이끌고 마을 전체를 돌면서 똥 누는 곳들을 확인하게 합니다. 마을 전체를 다 돌고 나면 한 넓은 장소에 모여 땅 위에 마을 약도를 그립니다. 약도 위에는 마을의 주요 건물을 표시하고 각자의 집 위치를 짐작하게 합니다.

그다음 땅 위에 그려진 약도 위에 똥 누는 곳마다 노란 분필 가루를 뿌리게 합니다. 똥이 많은 곳일수록 더 많은 분필 가루를 뿌리게 합니다. 사람들은 각자 배변 장소를 찾아 분필 가루를 뿌리기 시작하고 약도는 점점 노란 분필 가루로 덮여 갑니다. 다 뿌렸을 때 약도는 온통 노란 분필 가루로 뒤덮여 있죠. 완전 똥 천지입니다. 이것이 그들이 사는 모습입니다. 그 상태를 직접 눈으로 확인한 마을 사람들은 어쩔 줄 몰라 합니다. 민망하기도 하고 그렇게 산 자신에게 화도 납니다.

바로 이때 진행자는 마을 사람에게 먹는 물 한 컵을 부탁합니다. 물을 가져오면 진행자는 자신의 머리카락 한 가닥을 근처 똥 무더기에 푹 담근 뒤에 그것을 물컵에 넣고 휘휘 젓습니다. 물이 똥물이 된 것이죠. 다음으로 그 컵의 물을 옆 사람에게 주며 마셔 보라고 합니다. "더러운 똥을 먹으라고!" 옆 사람은 손사래 치며 뒤로 물러납니다. 누가 똥물을 먹겠는가! 그 옆 사람도 마찬가지입니다. 이때 진행자는 마을 사람들에게 물어봅니다. "왜 안 마시겠다는 거죠?" 똥물인데 누가 마시려 하겠는가! 진행자는 이때를 놓치지 않고 이야기를 이어갑니다. "파리는 톱니 같은 가시가 붙은 세 쌍의 다리를 가지고 있습니다. 제 머리카락 하나가 파리 다리보다 더러울까요? 결코 아닐 겁니다. 그러면 파리가 앉았다 날아간 음식을 버립니까? 안 버립니까? 당연히 안 버리죠? 그러면 여러분은 어떤 음식을 먹는 겁니까?"

그들은 차마 대답을 못 합니다. 그들 생각에도 더럽고 역겹기 때문입니다. 이제껏 파리가 음식에 앉으면 휙 하고 내어 쫓고 그 음식을 다시 먹었는데 말입니다. 전에는 몰랐었는데 직접 보니 느낌이 다릅니다. 그동안 어떻게 살았는가 싶습니다. 그렇게 살았던 것이 창피하고 더 이상 이렇게 살지 말아야겠다는 결심이 생깁니다. 인식의 변화가 온 것입니다.

이것은 칩 히스/댄 히스의 책인『순간의 힘』에 나오는 이야기입니다. 이 책에서는 '통합위생개선 프로그램' 적용 결과 세계의 수천 개 마을에서 야외 배변이 그쳤다고 합니다. 말하지 않아도 인식이 변하니까 행동이 바뀌었던 것입니다. 느끼게 하면 인식이 달라집니다.

어떤 사람이 졸음운전을 하다가 사고 나서 죽을 뻔했습니다. 차가 완전히 폐차되고 자신은 기적처럼 살아났죠. 이 사람이 텔레비전 인터뷰에서 이렇게 말했습니다.

"전에는 몰랐는데 졸음운전으로 큰 사고를 당해보니 절대 졸음운전을 하면 안 되겠다는 생각이 들었습니다. 이제부터 졸리면 무조건 안전지대에서 쪽잠이라도 자고 운전해야겠어요."

전에는 몰랐다니! 고속도로마다 얼마나 졸음운전 경고가 많이 나오는데요. 당장 고속도로를 달려 보십시오. 잊을만하면 나타나는 것이 졸음운전 방지표어입니다. '단 한 번의 졸음운전 모든 것을 잃습니다' '졸음운전의 종착지는 이 세상이 아닙니다' '깜짝 졸음, 번쩍 저승' 등 말입니다. 그런데 그것을 못 보았다니, 인식이 안 되었으니 보이지 않았던 것입니다. 아무리 말해도 몰랐는데 직접 느껴보니까 이해가 됩니다. 그러다가 죽을 수도 있겠다 싶었겠죠. 직접 느껴보게 해야 달라집니다.

한 가난한 집에 대여섯 살 먹은 아이가 있었습니다. 그 아이의 소원은 배불리 먹어보는 것이었습니다. 어느 날 동네 부잣집에서 굿판을 벌였습니다. 떡고물이라도 얻어먹을까 동네 아이들이 모여들어 그 집을 기웃거렸습니다. 이 아이도 그 속에 있었습니다. 그러다 이 아이의 눈이 한 곳에 꽂혔습니다. 장독대 위에 가래떡이 가득 담긴 함지박! 그 아이는 함지박을 통째로 들고 뛰었습니다. 따라온 동네 꼬마들과 신나는 가래떡 잔치를 벌였습니다. 잔치는 곧 끝이 나고 심판의 날이 왔습니다. 어머니에게 붙들렸던 것입니다. 그 아이는 어머니 손에 끌려가 부잣집 마당에서 무릎 꿇고 빌어야 했습니다.

그 사실을 그 아이의 아버지가 들었습니다. 그 아이 아버지는 아무 말 없이 아이를 데리고 할아버지의 방문 앞에 말없이 꿇어앉았습니다. 아이도 죄책감에 그 옆에 꿇어앉았습니다. 아버지는 밤이 샐 때까지 그렇게 꿇어앉아 있었습니다. 동녘 빛이 비쳐올 무렵에 아버지는 일어나 밤새 무릎 꿇고 있던 아이를 품에 안아 들고는 한없는 사랑으로 바라보았습니다. 아이는 아버지의 그 사랑스럽게 바라보시던 눈빛이 그 가슴속에 깊이 새겨졌습니다. 그 뒤로 그 아이는 남의 물건에 손댄 적이 없었습니다. 그 아이는 커서 아버지가 되었고 자기의 아들에게 이렇게 말했습니다.

"진정한 자녀 교육은 억지로 가르치는 것이 아니라 부모의 솔선수범이다. 난 아버지로부터 그것을 배웠다."

이것은 삼천리 그룹 이만득 회장의 회고담입니다. 비록 아무 말도 안 했지만 그의 아버지의 무릎 꿇는 모습과 사랑이 가득 담긴

눈망울은 아들을 변화시키기에는 충분했습니다. 말로만 가르치려고 하니까 듣지 않습니다. 예수님도 말로만 하셨다면 어땠을까요? 그의 수많은 교훈들이 감동을 주었을까요? 예수님은 말씀하시고 직접 몸으로 보이셨습니다. 사랑하되 죽기까지 사랑했습니다. 그것이 예수님의 힘이었습니다. 신앙도 직접 체험하고 느껴봐야 변하고 성장합니다. 야고보는 2천 년에도 말뿐이고 이름뿐인 믿음을 지적했습니다. 친구를, 자녀를, 학생을, 성도를 그 누구를 변화시키고 싶습니까? 직접 느끼게 하십시오.

한쪽 눈만 없으면 된다고?

세상에 알 수 없는 것도 많지만 우리가 사는 인생만큼 알 수 없는 것도 없을 겁니다.

조선 연산군 시대에 박상(1474-1530)이라는 사람이 살고 있었습니다. 이 사람은 청렴결백하기로 소문난 사람이었습니다. 성질이 얼마나 화끈한지 불의를 보면 참지 못했습니다. 그가 종5품 벼슬인 전라도 나주의 도사(都事)로 지내고 있을 때였습니다. 그 동네에 우부리(牛夫里)라는 사람이 살고 있었죠. 그런데 우부리가 어떤 사람인가? 당시 폭군으로 악명 높은 연산군의 애첩의 아버지였습니다. 우부리는 연산군의 빽을 믿고 나쁜 짓만 골라 했습니다. 남의 땅을 빼앗거나 부녀자를 함부로 겁탈하는 것들 말입니다. 하지만 그의 뒷배경이 폭군 연산군인지라 누구도 손대지 못하고 있었죠.

이 나쁜 우부리가 박상의 레이다에 딱 걸린 겁니다. 불같은 성질에 당장 우부리를 잡아들여 매를 쳤지요. 너무 많이 쳤던 걸까요? 그만 우부리가 매 때문에 죽고 말았습니다. 역사에 기록된 '우부리 장살사건'입니다. 아무리 나쁜 놈이라도 연산군 애첩의 아버지를 죽였으니 큰일 났습니다. 법은 법인지라 어찌하겠습니까? 감히 왕의 첩의 아버지를 죽였으니 말입니다. 박상은 자진 납세한답시고 제 발로 징계를 받으러 한양으로 올라가고 있었죠. 폭군 연산군에게 어떤 형벌을 받을지 모릅니다.

그때 마침 한양에서도 우부리가 죽었다는 소식을 듣고 박상을 체포하기 위해 금부도사(禁府都事)가 군졸을 데리고 내려오고 있었습니다. 박상은 올라가는 중이고 금부도사 일행은 내려오는 중이었죠. 박상이 정읍을 조금 지나 곧 금부도사 일행을 만날 순간이었습니다. 그때 갑자기 박상 앞에 고양이 한 마리가 나타나 이상한 짓을 하면서 큰길에서 샛길로 들어갔습니다.

"그것참, 희한한 고양이네?"

고양이가 하도 이상한 시늉을 해서 무슨 일인가 싶어 박상이 고양이를 따라 샛길로 들어섰지요. 바로 그 순간 금부도사 일행이 큰길로 지나갔던 겁니다. 딱 거기서 만날 것이었는데요. 그랬으면 당장 체포되어 한양 가서 엄벌을 당했을지 모르죠. 그것도 모르고 박상이 무거운 마음으로 한양에 도착했습니다. 그런데 놀랍게도 세상이 바뀌어 있었습니다. 중종반정이 일어나서 연산군이 쫓겨나 버렸거든요. 박상, 죽다가 살아났지요. 정말 인생살이 알 수 없지 않습니까? 이런 것이 인생인데 자신의 재주로 인생을 바꾸어 보려고 했던 사람이 있었습니다. 조선 말기에 청도에 살았던 박유붕(朴有鵬)이라는 관상쟁이입니다.

박유붕이 어느 날 자신의 관상을 곰곰이 들여다보니 한쪽 눈만 없으면 딱 귀하게 될 상이었습니다. 그는 한 치의 망설임도 없이 바늘을 꺼내 자신의 한쪽 눈을 찔러 애꾸눈을 만들었습니다. 그리고는 애꾸눈 박유붕은 어린 고종을 찾아가서 몰래 말했습니다.

"당신은 분명 임금이 되실 분입니다. 이 말을 절대 누설하지 마세요."

이렇게 고마울 때가! 그가 얼마나 바라고 있던 것입니까? 고종은 박유붕의 말을 마음속에 담아두었죠. 그 후 고종이 박유붕의 말대로 왕위에 올랐습니다. 박유붕의 예언대로 말입니다. 이 일로 고종은 박유붕을 부쩍 신뢰하게 되었고 벼슬을 내려 그의 가까이에 두었습니다. 박유붕은 왕의 두터운 신임을 힘입어 벼슬은 점점 높아져 갔고 갑자년(1864, 고종1년)에는 수군절도사(水軍節度使)의 지위까지 올랐습니다. 일개 관상쟁이 인생의 놀라운 변신이었습니다. 자신의 점괘대로 부귀영화가 그를 따라오고 온 세상이 자기 생각

대로 되는 듯했습니다. 하지만 그를 기다리고 있는 것은 빛나는 미래가 아니었습니다. “내가 복을 바랐더니 화가 왔고 광명을 기다렸더니 흑암이 왔구나!”라는 욥의 탄식처럼 말입니다.

고종황제가 열일곱 살 때였습니다. 고종이 궁인 이씨에게서 아들(완화군)을 얻었습니다. 고종은 너무나 기뻐서 그를 장자 삼고자 했습니다. 장자는 곧 세자를 의미하는 것 아닙니까?아직 젊은 왕비가 버젓이 있었는데 말입니다. 이에 아버지 홍선 대원군이 고종에게 타이르듯이 말했습니다.

“중전에게 경사가 생기면 어떻게 하려고 그럽니까? 너무 서두르지 마세요.”

당연한 말인데 기분이 나빴습니다. 당시 고종은 아버지 홍선대원군과 관계가 썩 좋지 않았으니까요. 그렇다고 아버지 말씀이니 마냥 무시할 수도 없었죠. 고민하다가 답답해진 고종은 관상쟁이 박유붕을 불러들여서 물어보았습니다.

“여보게, 우리 완화군 관상 좀 봐주게나. 자네 생각엔 원자 책봉을 어떻게 하는 것이 좋겠는가?”

박유붕은 참으로 난감한 상황에 빠졌습니다. 권력의 중심축인

두 사람 사이에서 어느 쪽을 택해야 할까요? 어느 쪽을 택해도 화가 있을 것은 뻔한데요. 박유봉은 한참을 생각하다가 머뭇거리며 대답했습니다.

"전하, 조금 늦추는 것이 좋을 듯싶습니다."

이 대답은 고종의 심기를 건드려 버럭 화를 내게 했습니다. 그것은 아버지 홍선대원군의 생각과 같았으니까요. 고종은 속으로 박유봉이 분명히 대원군의 사주를 받았을 것이라고 생각했습니다. 며칠 후였습니다. 박유봉은 그의 집에서 피를 쏟으며 고통스럽게 뒹굴다가 죽어갔습니다. 원인도 모르는 죽음이었죠. 하지만 박유봉을 잘 아는 사람은 고종이 그에게 사약을 내렸기 때문이라고 했습니다. 자신의 인생을 바꿔보려고 눈까지 멀게 했던 사람의 슬프고도 허망한 죽음이었습니다. 자신의 운명을 점칠 줄 안다는 사람이 그것은 왜 몰랐을까요? 그것이 자신의 운명이었을까요? 과연 한쪽 눈이 없어서 고종의 총애를 받았을까요?

"미래는 준비하는 자의 것입니다"

세상은 이렇게 외칩니다. 이런 멋진 구호에 사람들은 박수를 치며 멋진 미래를 꿈꾸고 준비합니다. 맞습니다. 준비해야죠. 아무것도 준비하지 않는다면 얻을 것도 별로 없을 것이니까요. 하지만 비록 미래를 계획하고 준비한다고 해서 내 맘대로 될까요? 원치 않은 상황과 일들이 펼쳐지기 일쑤인데요? 어떤 부부가 이혼 문제로 목사님께 상담을 왔습니다. 이혼은 합의되었는데 하나뿐인 아이를 누가 데려가느냐가 문제였습니다. 아이는 서로 자기가 데려간다고 했던 것이지요. 목사님은 삼박한 제안을 했습니다.

"아이 하나만 더 낳을 때까지 사시죠?"

맞다. 그러면 되겠네! 영특한 목사님의 제안대로 부부는 일 년을 더 살았습니다. 그런데 다시 그 부부는 이혼하지 못했습니다. 왜냐면 쌍둥이를 낳았으니까요. 목사님의 작전이었을까? 정말 인생이 마음대로 안 됩니다. 몇 년 전에 직장에 다니는 한 청년과 얘기하다가 결혼 얘기가 나왔습니다. 청년은 대뜸 이렇게 말을 했습니다.

"나는 결혼 안 할 거예요."
"왜?"
"내가 번 것 내가 다 쓰게요. 애들 주기 아깝잖아요."

완전히 자기화가 제대로 된 젊은이였습니다. 자기가 번 돈 자식 주기도 아까워 결혼을 안 한답니다. 이에 동조하는 사람 있다고 보는데요? 그래요, 자기가 번 돈 자기가 다 쓰겠다는데 누가 무어라고 할까요. 그저 그러라며 웃고 넘기고 말았죠. 그런지 한 보름 지났을까요? 그 청년을 다시 만나게 되었습니다. 지난번과는 달리 이번에는 그 청년이 영 풀이 죽어 있었습니다. 그 청년은 나를 보더니 이렇게 말했습니다.

"저 회사 그만두려고요."

"아니 왜? 다른 데 좋은 자리 나왔나?"

"아니요? 갑자기 입이 돌아가서 치료받아야 한대요."

"뭐라고?"

그 청년의 말을 듣고 그의 얼굴을 보니 정말로 입이 살짝 한쪽으로 돌아가 있었습니다. 정상적인 얼굴이 아닙니다. 젊은데 입이 돌아갔으니… 돈 벌어서 자기가 다 쓴다고 했는데 돈도 못 벌고 병원비만 나가게 되었습니다. 또 다른 청년이 있었습니다. 스물두 살 먹고 똘똘해 보이는 남자 청년이었습니다. 이 청년은 원래 '공익 근무 요원'인데 복무 기간에 돈 번다고 공익 요원 대신 산업체에 취직했습니다. '산업체 대체 근무' 말입니다. 이 친구 또한 앞으로 계획이 뚜렷하고 자신만만했습니다.

"저는요, 이 회사 다니면서 2년간 2천만 원을 모아서 지금 가지고 있는 돈 3천만 원을 합쳐서 집을 한 채 경매받을 거예요. 그렇게 몇 번 굴리면 건물 하나 살 수 있거든요. 나중에 20억짜리 건물주가 되어서 임대료 받고 편하게 사는 것이 제 목표예요. 여자친구도 있는데 결혼하면 아빠 집에서 살기로 했어요. 따로 살면 돈이 많이 들잖아요."

허허, 이 야무지고 계획적인 청년을 보소! 입이 딱 벌어질 정도로 인생 계획이 치밀했습니다. 그의 아버지가 경매사라고 하더니 벌써 경매로 돈 벌어 산 빌딩이 그의 머릿속에 박혀 있었습니다. 이 친구의 확실한 포부에 갑자기 내 자신에게 잠깐 미안해질 뻔했습니다.

"야, 나는 왜 저 나이에 저렇게 살지 못했지?"

그다음 주였습니다. 이 친구가 목발을 짚고 쩔뚝거리며 왔습니다. 어떻게 된 것이냐고 물어봤더니 조기 축구 하다가 무릎 십자인대가 파열되었다고 했습니다. 수술도 해야 하고 회사도 그만두어야 한다고요. 이런, 돈 벌 계획이 틀어져 버렸습니다. 물론 또 다른 계획을 세우고 열심히 하면 되겠지만. 그때라고 마음먹은 대로 된다고 보장할 수 있을까요? 그 친구는 절뚝거리며 가면서도 아픈 다리보다 수술비가 많이 든다고 투덜댔습니다. 사람의 계획이 이렇습니다. 계획은 야무진데 이루어지는 것은 불확실합니다. 키 없이 바다 위에 떠 있는 배처럼 미래를 알 수 없습니다. 성경에 이렇게 말씀합니다.

"사람이 자기의 길을 계획할지라도 그의 걸음을 인도하시는 이는 여호와시니라"(잠16:9)

아무리 멋진 계획도 이루어지는 것은 별개입니다. 계획은 사람이 할지라도 그 계획이 이루지는 것은 하나님의 손안에 있으니까요. 사람들이 입버릇처럼 말하는 "사람이 뜻대로 되나!"란 말이 은연중에 하나님의 주권을 인정하는 것입니다. 하나님이 허락하지 않으시면 차려진 밥상도 다른 사람이 먹고 약혼한 신부도 다른 사람이 데려간다고 했습니다. 하나님이 허락하지 않으시면 미치도록 갈망해도 되지 않습니다. 하나님이 그나마 대충 봐주시니까 숨 쉬고 사는 것이지요. 힘 있고 청춘이라서 살 만하다고요? 아직 미래가 창창해서 괜찮다고요? 사 놓은 집이 몇 채이고 수십억, 아니 수백억 재산이 있어서 든든하다고요? 하나님 없이 세상만 계획하는 사람에게 이렇게 말씀하십니다.

"어리석은 자여 오늘 밤에 네 영혼을 도로 찾으리니 그러면 네 준비한 것이 누구의 것이 되겠느냐?"(눅12:20)

운명이 있다면 그 운명은 하나님께 달려 있습니다. 인간의 할 일은 하나님 앞에서 공손하고 겸손한 것뿐입니다.

역류를 타고 가는 사람들

맹자의 어머니가 어린 맹자를 위해 세 번 이사 다녔다는 말은 사람이 얼마나 환경에 영향을 받는가를 보여줍니다. 하지만 환경을 거슬러 가는 사람도 있습니다. 마치 물살을 거슬러 가는 힘찬 연어처럼 말입니다. 노비 출신이 조선 최고의 명의가 되고 정승의 자리에까지 오른 침술의 명인 허임 이야기입니다.

그의 가문은 본래 좌의정까지 배출한 가문이었으나 단종 복위 운동에 가담했다가 실패해서 폐 가문이 되었습니다. 그 여파로 집 식구들은 모두 노비로 전락했죠. 허임의 아버지는 노비였지만 악기 연주를 잘해서 장악원 악공이 되었고 전악으로 승진하면서 면천이 되었습니다. 하지만 그의 어머니는 여전히 노비였으므로 허임 또한 노비신분이었습니다.

당시 피지배층들은 다들 힘들게 살았습니다. 누구 말마따나 '일용할 양식을 주옵시고'가 그들의 날마다 소원이었습니다. 가난한 살림에 식구 중 한 사람이라도 병이 나면 정말 심각해졌습니다. 먹고살 돈도 없는데 어디 가서 약값을 구해야 할까요. 간신히 의원을 찾아 처방을 받았다고 해도 가난해서 처방약을 살 돈이 없었습니다. 오늘날처럼 의료보험이 있는 것도 아니고…. 아파도 웬만하면 끙끙 앓으면서 버텼고 심할 때는 약을 못 써 죽는 사람도 생겼습니다. 허임의 집도 예외가 아니었죠. 아버지가 악공이래도 봉급이야 입에 풀칠할 정도였습니다. 그런데 어머니가 아팠던 것입니다. 허임의 집은 얼마나 가난이 심했던지 약값은커녕 의원을 찾을 돈도 없었습니다. 할 수 없이 비교적 돈이 적게 드는 침술원을 찾았습니다. 그렇지만 침 맞을 돈도 없어서 허임이 대신 침술원에서 일해줘야 했습니다. 말 그대로 몸빵이었습니다. 그런데 그것이 허임에게 기회일 줄을 누가 알았겠어요? 침술원에서 일하던 어느 날 허임은 문득 이런 생각이 들었습니다.

"이거, 침만 잘 놓아도 굶진 않겠는데? 사람들이 돈이 없으니 약보다 침술을 선호하고, 찾는 사람이 많다면 돈도 벌 것 아닌가!"

심 봉사 심청이 만난 듯이 눈이 번쩍 뜨였습니다. "이거다!" 싶었습니다. 그때부터 허임은 침술 배우기에 매진했습니다. 일을 해주면서도 틈만 있으면 침술을 배우고 연습했습니다. 그러다 보니 곧 그곳 침술 의원의 실력을 넘어섰고 다음으로 허임은 침술을 더 배우기 위해 침술 명인 찾아 삼만리였습니다. 누가 침술에 탁월하다는 소문이 있으면 아무리 멀어도 찾아가서 침술을 배웠으니까요. 점차 그의 침술실력은 좋아지고 높아져 갔습니다.

허임이 유명해진 것은 그가 주변 사람들을 치료해 주면서부터였습니다. 그에게 침을 맞고 나은 사람들이 돌아가서 허임을 소개했고 그 입소문으로 사람들이 그를 찾아왔던 것입니다. 허임에게 고침을 받은 사람들이 많아지면서 그의 명성도 사방으로 퍼져나갔고 어느새 침술 하면 허임이라는 소리가 들릴 정도가 되었습니다. 그가 20대 후반에 벌써 왕궁에서 왕자 전담 침술 의원으로 있었으니 그의 실력과 명성이 헛소문이 아니었음을 알 수 있겠죠? 그동안에 허임이 천민 신분에서 벗어난 것은 말할 것도 없고요.

허임은 임진왜란 때에 세자 광해군의 수행 침의로 지냈고 선조 말년에는 선조의 중병을 고치면서 정3품이라는 벼슬도 얻었습니다. 그렇지만 그의 공직생활은 오래 가지 못했습니다. 광해군이 축출되면서 광해군 쪽 사람으로 분류되었던 허임도 벼슬에서 물러나야 했으니까요. 비록 벼슬에서는 물러났으나 그것은 오히려 허임에게 새로운 기회였습니다. 모든 것에 자유로워진 그는 그동안 침을 놓으며 틈틈이 적어 놓은 것들을 통합하고 정리해서『침구경험방』이란 책을 펴낼 수 있었죠. 이것은 조선 최초 침문방이었습니다. 이 책이 얼마나 뛰어났는지 일본과 중국으로까지 건너갔고 그곳의 침구 전문서로도 사용될 정도였습니다.

노비가 자유인이 된 것만으로도 대단한데 조선 최고의 침술 명인에, 정3품 벼슬에, 최초 침구 전문서의 저자라니 놀랍지 않습니까? 물론 이렇게 된 것이 단지 가난 때문이었다고 하면 너무 단순한 도식 같지만 가난했기에 그 길을 선택했다는 것은 부인할 수 없는 사실입니다. 단지 세끼만이라도 굶지 않고 먹고살려는 목적으로 침술을 선택했던 것이니까요.

극한 가난은 어린 허임에게 잔인한 짐이었지만 허임은 그것을 통해 새로운 길로 들어섰습니다. 참 역설적이지 않습니까? 허임이 먹을 걱정이 없는 집에서 살았다면 굳이 침술을 배울 생각도 하지 않았을 테니까요? 가난은 허임에게 실제였고 그를 괴롭히는 괴물과 같았습니다. 그렇지만 허임은 가난이란 괴물에 잡아먹히지 않고 그 괴물을 밟고 당당히 높은 곳에 올라섰습니다.

허임 못지않게 역설적인 사람이 또 있습니다. 한때 국민 약골로 골골댔던 조선 바둑의 국수(國手) 정운창입니다. 그는 어린 시절부터 어찌나 몸이 약했던지 병치레로 사람 노릇도 제대로 못 했습니다. 바깥일은커녕 집안일도 제대로 못 했고 그의 일과라면 그날그날 잘 버티는 것이었습니다. 완전, 상전이 따로 없었습니다. 이런 운창에게 운명 같은 날이 왔습니다. 사촌 형이 그에게 바둑을 가르쳐 준 것입니다. 사촌 형의 생각은 하도 운창이 아프고 하릴없이 시간만 보내고 있으니 무료한 시간이라도 때우라는 것이었죠. 그런데 그렇게 배운 바둑이 운창의 마음을 완전히 빼앗아 버렸습니다. 그저 무료한 시간을 달래라고 가르쳐 준 바둑이었는데 어느 정도 바둑의 길을 알게 되자 더 깊이 연구하고 싶어졌습니다.

그때부터 운창에게 온통 바둑뿐이었습니다. 날이면 날마다 바둑만 두었습니다. 밥을 먹는 것도 잠자는 것도 관심 밖이었고 조금씩 하던 운동도 잊어버렸습니다. 혹시라도 잘못될까 사촌 형이 그를 말려도 보았지만 누가 이기나 씨름이라도 하듯 운창은 바둑만 계속 붙들고 지냈습니다. 신기한 것은 식사도 제때 하지 않고 운동도 안 했는데 그의 몸이 건강해진 것이었습니다. 정신력의 조화였을까요? 아무튼 몸이 건강해지면서 운창은 바둑에 더욱 몰두 할 수 있었고 그렇게 10년이 흐른 어느 날이었습니다. 문득 바둑의 이치가 환하게 깨달아졌습니다. 일명 바둑의 고수의 경지에 도달했던 것입니다.

조선시대의 바둑은 주로 상류층에서 즐기던 오락이었습니다. 바둑을 웬만하게만 두어도 바둑 객으로 대접을 받았고 바둑 고수로 인정받아 부자나 권력가의 눈에 띄기라도 하면 평생을 편히 먹고 지낼 수도 있었습니다. 바둑도 경지에 이르고 건강도 회복된 운창은 바깥세상이 궁금해졌습니다. 은근히 자신의 실력도 검증해 보고 싶었겠죠. 그는 곧장 한양으로 올라갔습니다. 하지만 시골 출신 어리바리 운창을 누가 알아주겠습니까? 어디에 바둑 실력을 보일 데도 없었죠.

그러던 어느 날 정운창은 바둑대회가 열린다는 소식을 들었습니다. 바둑계에서 유명한 금성 현령인 정박(鄭樸)이 남산 밑에서 여는 바둑 모임이었습니다. 대회 날이 되어 정운창은 남산 밑 바둑 대회장을 찾아갔죠. 바둑계에서 내로라하는 사람들이 모여 대국을 벌였습니다. 정운창은 실력자였지만 무명이어서 함께 두자는 사람도 없었습니다. 그냥 대국을 관전하고 있을 수밖에 없었죠. 그런데 현령 정박이 곁에서 구경하고 있는 정운창을 보니 그가 뭔가를 아는 듯해 보였습니다. 왜냐면 운창이 구경하다가 대국자들이 실수라도 할라치면 의미 있는 미소를 짓곤 했기 때문입니다. 궁금해진 정박이 정운창에게 넌지시 물어봤습니다.

"당신도 바둑을 둘 줄 아시오?"

"시골 사람입니다만 바둑의 규칙 정도는 압니다."

정박은 운창에게 대국을 권했고 운창이 대국을 시작했는데 상대마다 제압해 버렸습니다. 나중에는 그에게 더 이상 맞설 상대가 없었죠. 이에 현령 정박이 몸이 달아서 운창에게 자기와 한번 겨뤄보자고 제안했습니다. 졸지에 바둑계의 거물인 정박과 무명인 정운창간의 대국이 벌어졌습니다. 사람들은 즉석 이벤트에 흥미진진

했죠. 결과는 어떻게 되었을까요? 둘이 세 판을 두었는데 세 판을 내리 정운창이 이겨버렸습니다. 정운창의 대승! 정박이 눈이 휘둥그레지며 물었습니다.

"당신 진짜 국수(國手)시오. 도대체 누구십니까?"

조선 바둑계의 고수 정운창이 세상에 혜성같이 등장한 순간이었습니다. 그 후 그는 모든 바둑 고수들을 차례로 꺾었고 조선의 국수(國手)자리에 올랐습니다. 또한 그는 평생 바둑으로만 먹고산 최초 프로전문기사로 기록되었습니다.

몸이 병약해서 아무것도 못 한다고요? 정운창은 병약한 것 때문에 오히려 조선의 국수가 된 것 아닐까요? 너무 비약적인 결론 같습니까? 아닐 겁니다. 그에게 건강이 있었다면 그 역시 바둑보다 다른 것에 먼저 빠졌을지도 모르니까요. 너무 몸이 약하고 아픈 곳 투성이라 아무것도 못 하게 했던 현실이 오히려 운창에게 바둑의 길을 가게 해 주었던 것입니다. "감사함으로 받으면 버릴 것이 없다"(딤전4:4)는 말처럼 허임과 정운창의 경우가 딱 그런 것이 아닌가 싶습니다. 환경이 좋으면 금상첨화겠지만 환경이 나쁘다고 절망할 것도 아닙니다.

살아 있는 연어는 물을 거슬러 헤엄쳐 갑니다. 빠르게 흐르는 냇물과 거세게 쏟아져 내리는 폭포가 앞으로 전진하는데 큰 방해

거리입니다. 하지만 연어는 거센 냇물과 폭포를 탓하거나 불평하지 않습니다. 왜냐면 그 거센 물살과 떨어져 내리는 폭포가 자신의 꿈을 이루게 하는 통로임을 알기 때문입니다. 물살이 거셀수록 폭포가 강렬할수록 더욱 힘차게 꼬리를 칩니다. 하얀 물방울을 공중으로 흩뜨리며 그의 꿈이 이루어질 때까지 오르고 또 오릅니다. 그리고 연어의 꿈은 이루어지지요.

거센 물살 같은 환경이 우리들을 험상궂게 찾아올 때도 있지만 그것은 우리를 죽이려는 것이 아닙니다. 단지 우리를 괴롭히거나 앞을 가로막는 방해꾼도 아닙니다. 그것들은 다른 세계로 나아가게 해주는 통로입니다. 비록 힘들지라도 우리가 힘찬 몸짓을 멈추지 않을 때 거센 물결과 같이 달려드는 환경 끝에 펼쳐지는 멋진 세계를 경험하게 될 것입니다.

최고의 기적

"별일 없니?"

"별일 없어."

"그럼 됐지, 별일 없는 게 제일 좋은 거야."

"그래, 그렇지. 그럼 잘 지내라."

"응, 너도 잘 지내."

그리고 전화를 끊습니다. 내용 치고 참 싱겁다 싶죠? 삼십 년 지기로 친한 친구인데, 반년 만에 하는 전화인데, 이렇게 통화하고 끊는다면 "진짜 친한 친구 맞아?"라고 묻고 싶은 충동이 생길지도 모릅니다. 그런데 친한 친구 맞고 내용도 맞습니다. 남들은 어떻게 생각할지 모르겠지만 이렇게 통화해도 우리는 하나도 서운하지 않습니다. 왜냐면 진짜 그렇게 생각하고 서로 걱정해 주는 마음이 담겨 있음을 알기 때문입니다. 동의 안 할지도 모르겠지만 살다 보면 별일 없는 것이 제일 좋은 안부 인사라고 느껴질 때가 있습니다. 날마다 잘산다고 해도 그것이 내 뜻대로 되지 않기 때문입니다. 일본인 만담가 하야시야 기쿠오 경우를 보면 평범한 일상이 얼마나 소중한 것인지 알게 됩니다.

기쿠오는 2014년에 후두암이라는 판정을 받았습니다. 4년 전에 겨우 위암에서 완쾌되었는데 또다시 후두암에 걸리다니 이게 무슨 일입니까. 후두암 판정으로 인해 그동안 텔레비전의 〈쇼텐〉이라는 프로그램에서 하차해야 했고 대신 암 치료 과정을 밟아야 했습니다. 그는 치료하는 기간 내내 경제적인 어려움과 미래에 만담가로 활동하지 못할지도 모른다는 생각으로 불안 속에 지내야 했습니다. 그의 가족은 물론 함께 지내고 있는 제자들까지 그가 책임져야 했기 때문입니다.

불안은 거기서 끝나지 않았습니다. 방사선치료가 완전히 끝났는데도 목소리가 돌아오지 않았기 때문입니다. 매일 아침이면 그의 아내가 그에게 "여보, 좋은 아침이에요"라는 아침 인사를 하고 그 말에 "좋은 아침"이라고 대답하곤 했는데 목소리가 나오지 않았습니다. 답답하고 초조하게 20여 일이 지났습니다. 어느 날 아내의 아침 인사에 여느 때처럼 "좋은 아침"이라고 대답했는데 목소리 툭 튀어나왔습니다. 순간 아내는 격앙된 목소리로 말했습니다.

"당신, 목소리가 나왔어! 세상에! 결혼 후 이처럼 기쁜 적이 없었어요"

고미시 미호의 『불편한 사람과 편하게 대화하는 법』에 실린 이야기입니다. 단지 '좋은 아침'이라는 짧은 인사가 결혼 중에 최고의 기쁨이 되기도 하니 사람 참 모를 일입니다. 잃었다가 찾았기 때문입니다. 우리의 삶이 이렇습니다. 너무나 당연한 듯해서 몰랐었는데 "휑!"하니 우리 곁을 떠나가면 그것이 얼마나 소중했던 가를 알게 됩니다. 지극히 평범한 하루는 모든 기적들의 뭉치입니다. "별일 없어?"라는 안부 인사가 결코 싱거운 인사가 아닙니다. 그럼에도 불구하고 사람들은 자신이 가지고 있다고 해서 자신의 것이라고 착각하고 교만합니다. 마음대로 생각하고 마음대로 길을 가고 마음대로 손을 움직이는 것들이 언제까지나 자신의 뜻대로 된다고 믿습니다. 그렇지만 우리 몸도 내 맘대로 한다고 내 것이 아닙니다. 언젠가 내 맘대로 안 될 수도 있습니다.

아무 때나 일어나는 발작 증세로 고생하는 간질 환자가 있었습니다. 담당의사는 발작증세를 줄이기 위해서 환자의 좌뇌와 우뇌를 연결시켜 주는 '뇌량' 절단 수술을 했습니다. 수술은 잘 되었는데 이상한 현상도 따라왔습니다. 오른손이 단추를 잠그면 왼손은 풀어버리고, 오른손이 지퍼를 올리면 왼손은 내리려고 하는 현상이었습니다. 자기 손인데 자기 마음대로 못 합니다. 이런 현상을

'외계인 손 증후군(alien hand syndrome)'이라고 합니다. 외계인 손 증후군 때문에 심지어 어느 때는 자기 손으로 자기 뺨을 후려치기도 했습니다. 만약 손에 위험한 것이 들려 있었다면 어떻게 되었을까요? 자기의 몸이라서 자기 마음대로 쓸 수 있다고 생각했는데 막상 닥쳐보니 자기 것이 아니었다는 사실을 깨닫습니다.

자기 몸만이 자신의 것이 아닐까요? 젊음의 시간도 중년의 시간도 노년의 시간도 전부 내 것이 아닙니다. 화장터마다 끊임없이 들어오는 장례행렬을 본 적 있습니까? 관 앞에 들려오는 영정사진들을 본 적이 있습니까? 영정 사진 속에는 노인만 있는 것이 아닙니다. 청년의 모습도 있고 중년이 모습도 있고 사각모를 쓰고 활짝 웃고 있는 유치원생 모습도 있습니다. 그것이 인생의 모습입니다. 청춘이라서 괜찮다고요? 건강하고 힘 있어서 괜찮다고요? 결코 자랑할 만한 것이 못 됩니다.

유다라는 나라에 히스기야 왕은 병으로 죽음 문 앞까지 갔다가 간신히 살아났을 때 생전에 써 보지도 않은 시를 썼습니다.

나는 이렇게 생각했다.
내가 중년에 죽음의 문에 들어가고
내 여생이 빼앗기는구나.

다시는 산 자의 땅에서는

여호와를 뵈옵지 못하겠지?
다시는 세상에서는 그 누구도
보지 못하겠지?

아, 목자가 장막을 걷듯이 내 생명도
뜯겨서 옮겨지고
직공이 베를 걷어 말음 같이
내 생명도 곧 말아지겠지?

나는 제비같이 학 같이 지저귀며
비둘 같이 슬피 울며
눈이 쇠하도록 앙망하였다.

산 자 오직 산 자만이
오늘 나와 같이 주께 감사하며
주의 신실을 자녀에게
알게 하리라.

한 국가의 왕이면서 거의 사십 줄이나 된 사람이 저토록 처량하게 슬퍼하고 울 때도 있습니다. 영원한 듯 살다가도 장막을 거둘 때가 오면 자신의 나약함에 슬퍼집니다. 죽음 앞에 무기력하기만

한 것이 우리들입니다. 길다고 해도 우리 인생이 손바닥 넓이밖에 되지 않는다고 어느 시인이 고백했습니다. 아니 그 정도도 안 될 것입니다. 우리는 시간은 갖는 것이 아니라 주어진다는 사실을 늘 잊지 말아야 합니다.

특별하지 않고 지루할 만큼 평온한 하루가 얼마나 큰 혜택인지, 그냥 살아 있다는 것이 얼마나 큰 배려인지, 밤새 급한 전화가 오지 않고 아침 햇살을 받으며 눈을 뜬 오늘이 얼마나 큰 기적인지 모릅니다. 깊은 잠을 자고 깨어난 평온한 아침의 기분을 어떤 시인은 이렇게 썼습니다.

"내가 깰 때에도 여전히 주와 함께 있습니다"(시139:18)

평안한 한 밤을 지낸 것도 주님과 함께 만들어졌다는 고백이며 감사입니다. 잠자고 영원히 깨어나지 못할 수도 있었는데 아침 햇살과 함께 깨어난 것이 얼마나 가슴 벅찬 일입니까. 태양이 멈추고 바다가 갈라지는 것도 기적이지만 날마다 아무 생각 없이 숨 쉬고 자고 일어나는 것이 더 큰 기적입니다. 오늘 하루 지루하리만큼 평온했습니까? 당신, 오늘 최고의 기적을 본 것입니다.

잘못된 자기 확신

아주 오래전에 일본인 나카무라 미노루가라는 사람이 있었습니다. 그는 어릴 때부터 친구들과 학교 선생님에게 저능아, 열등생이라는 놀림을 받곤 했습니다. 1955년 미노루가 스무 살 때였습니다. 비가 내리고 배도 몹시 고픈 밤이었죠. 미노루는 돈을 훔치려 한 농가에 침입했다가 주인을 죽이고 말았습니다. 그가 훔친 건 단돈 2천 엔이었는데…. 미노루는 살인범으로 즉각 재판에 넘겨졌고 법정에서는 살인 방법이 너무 잔인하다며 법정 최고형인 사형선고를 내렸습니다. 그는 사형수로 수감되었고, 13년이 지나서 사형이 집행되었습니다. 그의 나이 33세였습니다.

미노루가 사형당한 지 12년이 지난 후였습니다. 세상에 시마 아키토란 이름으로 『유애집』이란 시집 하나가 출간되었습니다. 시마 아키토의 시는 일본인들의 마음을 사로잡았고 전국을 떠들썩하게 했습니다. 도서 평론가들은 저마다 시마 아키토를 명석하고 감정 표현력이 탁월한 시인이라고 극찬을 했습니다. 하지만 어느 누구도 시마 아키토를 볼 수 없었습니다. 시마 아키토는 12년 전에 사형 집행된 사형수 나카무라 미노루의 필명이었기 때문입니다.

어릴 때부터 저능아, 열등생 소리를 들었던 미노루가 어떻게 그토록 사람의 마음을 울리는 시들을 쓸 수 있었을까요? 어떻게 전문가들로부터 명석하고 탁월하다는 평을 받을 수 있었을까요? 시마 아키토를 그토록 놀랍게 변화시킨 것은 무엇이었을까요? 그것은 중학교 때 미술 선생의 칭찬 한마디 때문입니다.

"너는 그림은 못 그리는데 구도는 좋구나."

미노루가 일생에 처음이자 마지막으로 받은 칭찬이었습니다. 대단한 칭찬도 아닌데 그것은 미노루의 얼어붙은 가슴을 녹여주는 훈풍이었습니다. 미노루는 그 선생님을 좋아했는데 선생님이 감옥에 있는 미노루에게 편지를 썼고 그 속에 시도 적혀 있었습니다. 미노루는 편지 속에 있는 시를 통해 시를 알게 되었고 시가 좋아서 시를 공부하며 시를 썼습니다. 출간된 그의 시들은 그가 7년간 감옥에서 쓴 것들입니다. 미노루는 자신의 사형이 확정된 날도 시를 썼습니다.

극형이 결정된 날 쓸쓸해서

옛 선생님의 오래된 셔츠를 걸쳐본다.

가장 충격적이고 절망적인 날 그에게 유일한 위안은 그 무엇도 아닌, 옛 선생님의 티셔츠였습니다. 중학교 때 미술선생님 것이었습니다. 명석하고 탁월한 감성을 가졌다는 평을 받은 미노루가 왜 저능아, 열등생이 되었던 것일까요? 미국 시카고대학의 심리학 교수 버니스 뉴가든은 그 원인을 이렇게 썼습니다.

“30년 이상 연구를 해오면서 나는 심리에 관한 매우 중요한 진실을 발견했다. 확신은 잔인한 사고방식이라는 점이다. 확신은 가능성을 외면하도록 우리 정신을 고정시키고 우리가 사는 실제 세상과 단절시킨다.”

확신은 좋은 것이지만 잘못된 확신은 자신에게 잔인한 확신이 됩니다. 미노루가 그런 예입니다. 미노루는 원래 저능아가 아니었습니다. 다른 사람들에게 열등생, 저능아라는 놀림받으면서 그것을 자기 확신화해 버렸습니다. ‘잔인한 확신’이었습니다. 그에게 일어난 모든 비극의 원인이었죠. 미노루는 자신의 가능성조차도 없애버리는 잔인한 확신으로 인해 현실에서 동떨어졌고 미래조차 생각지 못했습니다. 그에게 남아 있는 것이라고는 저능함과 열등함과 놀림뿐이었죠. 그 잘못된 확신은 미노루를 그렇게 이끌어 갔고 악의 수렁으로 빠뜨려버렸습니다.

미국 애플사의 창업자 스티브 잡스도 미노루처럼 인생을 망칠 뻔했습니다. 스티브 잡스는 초등학교를 다닐 때 선생님들에게 골칫덩어리, 문제아로 찍혔습니다. 사실 그는 입학 전에 영특하여 책도 읽을 정도였는데 수준 떨어지는 수업과 권위적인 선생님들 때문에 잘 적응하지 못했던 것입니다. 당연히 수업이 지겹고 권위만 잡는 선생님들이 싫었습니다. 그러다 보니 어느새 잡스가 선생님들에게 못된 아이, 문제 아이가 되어 있었죠. 그럴수록 잡스는 더욱 선생님들이 싫어하는 것만 골라 했습니다.

월터 아이작스의 『스티브 잡스』 전기에 나오는 열거 된 스티브 잡스의 못된 짓은 대략 이렇습니다. '애완동물과 함께 학교 오는 날'을 만들어 교실에 개와 고양이들이 들끓게 하기, 다른 아이들 자물쇠 번호를 알아내어 번호 바꿔 치기, 선생님 의자 밑에 폭음탄 설치해서 터뜨리기(실제로 선생님이 신경 경련까지 일으켰다고 함) 등등입니다. 완전히 놀부 심보 맞죠? 몇 개만 보아도 한 대 때려 주고 싶지 않으세요? 이런 애를 누가 좋아하고 누가 감당할 수 있겠습니까? 선생들은 잡스를 보기만 하면 진저리를 치며 고개를 돌리고 상대도 안 했습니다. 그들의 눈에 잡스는 구제 불능, 문제아일 뿐이었습니다.

잡스가 4학년 때였습니다. 그는 일생의 중요한 한 사람을 만났습니다. 우등반에서 만난 이모진 힐 선생입니다. 잡스가 나중의 회고하면서 '내 인생의 성자 중 한 분'이라고 말했던 사람이 그 선생입니다. 이모진 힐이 잡스를 처음 보았을 때 아무 말 없이 그를 몇 주간 지켜보기만 했습니다. 그러던 어느 날 이모진 힐은 잡스가 꼼짝 못 할 것을 가져왔습니다.

"하루는 수업이 끝난 후 부르더니 수학 문제지를 주셨어요. 집에서 풀어 오라고. 저는 생각했지요. '정신이 나가셨나?' 그때 선생님이 거대한 막대 사탕을 꺼냈어요. 지구만큼 커 보이는 사탕을요. 문제를 거의 맞히면 그 사탕뿐 아니라 5달러까지 더 주신대요. 그래서 이틀 만에 풀어서 드렸어요."

그 당시 잡스가 히모진 힐 선생이 가져온 뇌물을 본 느낌이었습니다. '지구만큼 커 보이는 사탕', '5달러까지'라고 표현한 것을 볼 때 잡스가 얼마나 들뜨고 호기심이 자극되었는지 상상해 볼 수 있습니다. 그만큼 선생님의 제안은 잡스에게 파격적이요, 충격적이었습니다. 잡스는 선생님의 뇌물에 정신이 팔려 열심히 공부해서 그다음 날 모든 문제를 풀어 갔습니다. 약속대로 사탕도 받고 5달러도 받았죠. 잡스는 공부가 너무 신났습니다. 선생님은 계속 문제를 내주었고 잡스는 더욱 열심히 선생님이 내준 문제를 풀었습니다. 그런데 이상하게도 처음에는 뇌물 때문에 신나서 했는데 공부를 하다 보니 공부 자체가 재미있어졌습니다. 나중에는 뇌물보다는 공부가 재미있고 선생님의 칭찬이 좋아서 열심히 공부했습니다. 그동안 자연스럽게 그의 못된 장난질이 없어진 것은 말할 것도 없었죠.

4학년 말이 되었습니다. 이모진 힐은 잡스에게 수학능력평가를 보게 했습니다. 그 결과는 너무나 놀라웠습니다. 4학년인 잡스의 수학 능력이 고등학교 2학년 수준이라는 평가가 나왔으니까요. 말썽꾸러기요, 선생님들의 기피 대상이 모범적이고 우수한 어린이로 거듭났습니다. 나중에 잡스는 그때를 이렇게 회상했습니다.

"다른 어떤 선생님보다 그 선생님에게서 많은 것을 배웠어요. 그 분이 아니었다면 저는 틀림없이 소년원이나 들락거렸을 거예요."

잡스의 고백이 놀랍지 않습니까? 잘못했으면 소년원이나 들락거리다가 사회적인 악이 될 뻔했는데 이모진 힐 선생 덕분에 위대한 사업가가 되었습니다. 그러면 어떻게 이모진 힐 선생은 말썽꾸러기, 문제아를 모범적이고 우수한 아이로 바꿀 수 있었을까요? 그것은 어린 잡스를 보는 눈이 다른 선생과 달랐기 때문입니다. 다른 선생들은 말썽꾸러기 잡스만 보았지만 이모진 힐은 착하고 탁월한 잡스를 보았습니다. 좋은 눈으로 보니까 좋은 아이로 보였던 것입니다. 이모진 힐의 좋은 눈은 잡스를 잔인한 확신에게서 벗어나게 해 주었고 그 속에 있는 탁월한 재능을 끄집어내게 했습니다. 자기 확신의 변화였죠.

한 대학교에서 쥐를 대상으로 한 가지 실험을 했습니다. 비슷한 지능을 가진 쥐를 A와 B 두 그룹으로 나눈 뒤에 실험생들에게 훈련시켜보라고 맡겼습니다. 대신 훈련 전에 실험생들에게 A그룹 쥐는 제일 멍청한 쥐들만 모았고, B그룹 쥐들은 가장 똑똑한 쥐들만 모았다고 말해 주었죠. 일정한 훈련 기간이 지난 후 두 그룹 쥐의 학습 성취도를 비교해 보았습니다. 결과는 놀라웠습니다. 훈련 전에 똑똑한 쥐만 모았다는 말을 듣고 훈련시킨 B그룹의 쥐가 훨씬 학습 성취도가 높았습니다. 훈련시키는 쥐에 대한 실험생들의 확신 차이가 비슷한 그룹의 쥐를 차이 나게 만들어 버렸던 것입니다.

같은 쥐라도 멍청한 쥐로 확신하면 실수했을 때 "원래 멍청해서 뭐"라며 가능성을 막아 버립니다. 그렇지만 똑똑한 쥐로 확신하면 실수했을 때 "똑똑한데 왜 저렇게 했지?"라며 새로운 방법을 연구하게 됩니다. 쥐의 실험에서 볼 수 있듯이 자신이나 다른 사람에게나 어떤 확신을 가지고 있느냐가 이처럼 중요합니다. 스티브 잡스를 착하고 영특한 아이로 바꾼 것은 정확히 말하자면 뇌물이 아니라 그에 대한 이모진 힐 선생의 좋은 확신이었습니다. 상대방에 대한 긍정적인 시선과 좋은 확신은 상대방을 확신대로 움직이게 하는 힘이 있습니다.

옛날에 주막에서 사람들이 쉬고 있는데 강도 떼가 몰려왔습니다. 한 아주머니가 옆에 있던 인상 좋은 사내에게 돈이 든 보따리를 넘겨주며 대신 좀 맡아 달라고 부탁했습니다. 사내는 말없이 그 돈을 맡았죠. 그런데 알고 보니 그 사내가 강도 떼의 두목이었습니다. 고양이에게 생선을 맡긴 격이었습니다. 괜히 줬네! 강도들은 사람들의 돈을 다 빼앗았습니다. 그때 아주머니의 돈을 맡고 있던 강도 떼의 두목인 사내는 아주머니 돈을 돌려주며 말했습니다.

"그래도 나를 믿고 맡겼는데 가져갈 수 없지"

강도 떼 두목도 자기를 믿어주니까 좋은 사람이 되고 싶어 합니다. 차마 빼앗지 못했죠. 영리한 아이도 항상 혼나기만 하면 주눅이 들어 어리바리한 아이로 바뀌어 버립니다. 하지만 그를 알아주는 사람 앞에 가면 전혀 다르게 행동합니다. 목소리가 커지고 행동이 민첩해지고 똘똘해집니다. 같은 사람도 상대방이 누구냐에 따라 다른 행동이 나옵니다. 사람들은 태어나면서 좋든 나쁘든 확신을 강요받습니다. 아직 자아 형성이 안 된 어린이일수록 그 영향은 큽니다. 옳은 말이면 좋겠지만 잘못된 말은 아이의 생각에 잔인한 확신을 만들게 할 수도 있습니다. 어린이에게 칭찬을 많이 하라는 말이 괜히 있는 말이 아닙니다. 자칫 잘못하면 미노루 같은 사람이 나올 수 있습니다. 어른이 된 사람도 잘못된 확신, 잔인한 확신으로 자신의 탁월한 능력이 가로막혀 있을 수도 있습니다.

하나님은 항상 선이시고 우리를 바라보는 눈은 항상 무한한 가능성이십니다. 약해도 부족해도 무능해도 하나님 안에서 모든 것을 할 수 있다고 말씀하십니다. 믿음이란 그런 것입니다. 잘못된 확신, 자신을 망가뜨리고 희망마저 깨뜨려버리는 잘못된 확신에서 벗어나게 해 줍니다. "할 수 없어. 나는 안 돼. 원래 부족해. 가능성이 없어"라고 말하는 사람에게 하나님은 이렇게 말씀하십니다. "믿는 자에게는 능치 못함이 없는데 무슨 말이냐!" 믿음은 원치 않는 확신을 만드는 말로부터, 이제껏 가지고 있는 잘못된 확신으로부터 자유케 해주는 원동력입니다.

그 사소한 것 때문에

어떤 사람은 사소한 것에 목숨 걸지 말라고 했지만 사소한 것에 목숨 걸어서 인생이 바뀐 사람도 있습니다. 조선 초기 박자청에 관한 이야기입니다. 박자청은 원래 조선 개국공신 황희석의 노비였습니다. 주인 황희석이 조선개국 혁명에 가담하여 개국공신이 되면서 그를 따른 박자청도 면천되었고 낭장이라는 관직도 얻었습니다.

박자청이 1392년에 중낭장으로 승진해서 궁궐 문을 지키는 일을 할 때였습니다. 1393년(태조2년) 어느 날 저녁 궁궐 문 앞에서 갑자기 하늘을 찌를 듯한 고함이 들렸습니다. 이성계의 이복동생이자 일등 개국공신인 의안 대군이 지르는 소리였습니다. 상황은 이랬죠. 의안 대군이 날이 저물어 입궁하려는데 박자청이 그를 막아섰습니다. 밤에는 절대 궁궐에 들어가지 못한다는 법 때문이었습니다. 의안 대군은 기가 차서 소리를 버럭 질렀습니다.

"야, 이놈아, 내가 누군지 알아? 의안대군이야!"

"예, 나으리. 물론 누구신지 압니다. 그래도 밤에는 아무도 절대 못 들어갑니다. 법은 법이니까요."

박자청은 눈 하나 깜짝 않고 대답했습니다. 아무리 국법이래도 이성계의 동생인데! 융통성이 없었던 걸까요? 아니면 근거 없는 대담함이었을까요? 분을 참지 못한 의안 대군은 박자청의 얼굴을 발로 걷어찼고 맞은 곳에서는 피가 흘러내렸습니다. 그래도 박자청은 물러서지 않았습니다. 아무리 의안대군인들 어쩌겠는가. 법 때문이라는데. 할 수 없이 체면을 구긴 채 되돌아가야 했습니다.

그다음 날 궁궐 안은 전날 밤 사건으로 떠들썩했습니다. 박자청과 의안대군이 다툰 소동은 궁궐 안에 있던 이성계에게도 알려졌습니다. 이성계는 박자청이 궁금했습니다. 곧바로 박자청을 불러들였고 그를 칭찬하며 그 자리에서 자신의 은대를 하사했습니다. 그리고 그를 궁궐 안을 지키는 내상직에 임명해서 자신을 지키게 했죠. 이 일은 박자청의 벼슬길의 출발이었습니다.

임금님의 어전을 호위하게 된 박자청은 철두철미하게 충성했습니다. 이성계가 야영을 할 때는 잠도 안 자면서 막사를 돌면서 지켰습니다. 박자청은 세조는 물론 세종 때까지 벼슬을 했고 지위도 점점 높아져서 공조판서, 판한성부사까지 이르렀습니다. 사소한 것에 목숨 걸었는데 이처럼 대단한 일을 만들어 냈습니다. 미국의 한 소년도 사소한 일이 계기가 되어 인생이 바뀌었습니다.

1906년, 열다섯 먹은 소년이 뉴욕 해럴드사의 신문기자가 되고 싶어 해럴드사 사무실을 찾았습니다. 사무실에 앉아 있던 사람은 이렇게 말했습니다.

"신문은 모르겠고, 배달부 한 명은 쓸 수 있는데?"

그곳은 알고 보니 해럴드사가 아니라 같은 건물에 있는 커머셜 케이블 컴퍼니(Commercial Cable Company)라는 전신 회사의 사무실이었습니다. 말한 사람은 전신 회사 팀장이었죠. 사무실을 잘못 찾았던 것입니다. 소년은 어찌할까 잠시 망설이다가 이왕 왔으니 그냥 그 회사에 취직하기로 했습니다. 얼떨결에 들어온 회사였지만 일을 배워보니 의외로 재미있었고 전망이 있었습니다. 특히 무선 통신은 소년을 흥미진진하게 했죠. 그렇지만 소년의 이런 즐거움은 오래가지 못했습니다. 소년이 회사에서 좋아하지 않는, 유대교 절기에 휴가를 내고 싶어 했기 때문입니다. 소년은 그 일로 해고당했습니다.

그 뒤로 소년은 마르코니 전신 회사의 문을 두드렸습니다. 짧았지만 전에 근무한 전신 회사 경력 때문에 합격했습니다. 입사

한 지 얼마나 지났을까요? 역사적인 대형 사건이 하나 터졌습니다. 1912년 4월 14일 크루즈 선 '타이태닉호'가 침몰했던 것입니다. '타이태닉호'에서는 열심히 조난 신호를 보냈고 전신소에서 일하던 소년은 그것을 수신하여 계속 방송에 내보냈습니다. 회사 주가가 부쩍 올라갔죠. 소년은 이 일을 잘 해낸 공로로 특별 승진을 했고 그것은 그의 승진의 시작이었습니다. 소년은 나중에 미국라디오 주식회사(RCA)의 총지배인이 되었고, 1926년에는 내셔널방송사(NBC) 회장으로 취임했습니다. 이 소년은 누구였을까요? 다름 아닌 데이비드 샤르노프(David Sarnoff, 1891-1971)였습니다.

첫 단추가 잘못 끼워지면 다 잘못된다는데 이 소년은 첫 단추가 잘못 끼워져 인생이 바뀌었습니다. 정말 사무실을 잘못 찾은 일 때문에 시작된 일이었죠. 그렇지만 그 사소한 일은 다른 것의 연결선이 되었고 방송사 사장이라는 자리에까지 가게 했습니다.

사람 중에는 큰 것만 바라고 생각하는 사람이 있습니다. 자신이 작은 것을 하기에는 너무나 크다고 생각해서 그런 것일까요? 아니면 아무리 큰 것도 작고 사소한 것에서부터 시작한다는 사실은 몰라서 그런 것일까요? 그런 사람은 큰 것만 생각하고 큰 것만 기다리다 아무것도 하지 못합니다.

작은 것은 종종 큰 것의 연결점과 척도가 됩니다. 예수님은 우리가 작은 일에 충성하는 것을 보고 큰 것을 맡긴다고 하셨습니다. 작은 일을 무시하면 큰 것을 얻을 수 없습니다. 달란트 비유에서도 마찬가지입니다. 주인은 어느 날 종들에게 각각 다섯 개, 두 개, 한 개를 주었습니다. 다섯, 둘을 받은 종들은 즉시 나가서 장사를 해서 배를 남겼습니다. 그런데 한 달란트 받은 종은 즉시 가서 땅에 묻었습니다. 왜 그랬을까요? 나중에 "주인이 나빴어요"라고 탓하는 것을 볼 때 자기만 한 달란트 받은 것에 불만이 많았던 것입니다. 같은 종인데 왜 자기만 무시하냐는 식이었겠죠. 그 종에게 달란트를 많이 주었으면 잘했을까요? 절대 잘하지 못했을 것입니다. 하나를 보면 열을 안다는 말처럼 작은 것에 충성되지 못하면 큰 것에도 충성될 수 없으니까요.

주인은 공평했습니다. 다섯 받은 종이 다섯 남긴 것이나 두 개 받은 종이 두 개 남긴 것이나 똑같은 칭찬과 보상을 하셨습니다. 하나 받은 종도 하나를 남겼으면 역시 똑같이 대우를 받았을 것입니다. 그렇지만 하나 받은 종은 자기만 적게 준다고 땅에 묻어 버렸습니다. 불만으로 입이 쑥 나와서 말입니다. 만약 하나 받은 종이 죽도록 충성했다면 다른 것은 몰라도 다른 종보다 훨씬 주인에게 큰 감동을 주었을 것입니다. 작은 일에도 변함없이 충성을 다했기 때문입니다. 또한 더 큰 것을 받을 수 있는 연결점이 되었겠죠. 당신이 큰 것을 하지 못하는 것은 큰 것이 오지 않아서가 아니라 작은 것을 사소하다고 무시해 버렸기 때문 아닐까요? 잊지 마세요. 작아서 사소해 보여도 그 뒤에 연결된 것은 결코 작은 것이 아님을. 또한 작은 것은 큰 것의 가늠자가 된다는 사실을 말입니다.

남아 있는 열 두 척의 배를 보세요

스위스와 독일 국경마을에 날마다 오토바이에 자갈을 가득 싣고 두 나라를 오가는 할아버지가 있었습니다. 국경 세관원은 자갈 속에 밀수품이 있을 것을 확신하고 자갈을 몽땅 쏟아부었습니다. 자갈 속에서는 아무것도 나오지 않았죠. 분명 무엇인가가 있는데… 심증은 있지만 증거는 없습니다. 날마다 오가는 오토바이를 보면서 미심쩍으나 아무것도 없어 궁금해서 미칠 지경입니다. 하루는 세관원이 할아버지에게 사정했습니다.

"영감님 도대체 밀수하는 게 뭡니까? 궁금해서 잠도 안 옵니다. 모두 눈 감아 줄 테니 제발 제게만 가르쳐 주세요."

반신반의하며 물끄러미 바라만 보던 할아버지가 씨익 웃으면서 대답했습니다.

"보면 몰라? 오토바이잖아."

할아버지가 밀수한 것은 오토바이였습니다. 자갈은 눈속임이었죠. 가득 실은 자갈만 보니까 정작 오토바이는 보이지 않았습니다. 한쪽에만 집중하니 다른 쪽이 보이지 않습니다. 사실을 알고 싶었는데 한쪽에만 집중해 있으니 사실을 알 수 없었던 것입니다.

고려시대에 거란족이 발해를 멸망시킨 후 요나라를 세우고 그 여세를 몰아 고려를 침공해왔습니다. 요나라 왕은 장군 소손녕은 대군을 거느리고 압록강을 건너까지 와서 군대를 진 친 후에 80만 대군을 몰고 왔으니 몰살당하기 싫으면 당장 항복하라고 고려를 협박했습니다. 실로 거대하기까지 했던 발해를 무너뜨린 요나라의 엄포에 고려 조정은 겁에 질려 어쩔 줄을 몰라 했습니다.

고려 조정은 즉각 두 파로 갈라졌습니다. 항복하자는 쪽과 서경(평양) 이북의 땅을 넘겨주고 말자는 쪽이었죠. 이나 저나 '맞서 싸워보자'는 쪽은 없고 '넘겨주자'는 쪽뿐이었습니다. 고려 왕 성종조차도 분위기에 휩쓸려 서경에 있는 쌀을 백성들에게 나눠주고 남은 것은 대동강에 버리라고 명할 정도였습니다. 참 어처구니없이 나약하고 비굴해 보이기까지 하는 모습 아니었습니까? 그때 서희 장군이 나서서 말했습니다.

"식량이 넉넉하면 성을 지킬 수 있고 싸움에서 승리할 수도 있습니다. 전쟁의 승패는 병력에만 달린 것이 아닙니다. 적의 약점만 찾아내면 승리할 수도 있습니다."

일단 항복을 보류하게 한 후 서희는 고려왕의 윤허를 얻어 소손녕에게 갔습니다. 그가 소손녕을 만났을 때 소손녕은 고려가 신라 경순왕의 양위 받은 신라의 후예이니 고구려 땅은 자기들의 땅이라는 억지 논리를 펼쳤습니다. 고려를 신라의 후예로 몰아가 고려 땅을 자기 나라 땅이라는 주장이었습니다. 이에 서희는 말도 안 되는 소리라며 이렇게 반박했습니다.

"누가 신라 후예인가! 우리는 고구려의 후예이다. 그래서 이름도 고구려에서 따와서 고려라고 했고, 수도도 옛 고구려의 수도인 평양으로 정한 것이다. 국경을 얘기하자면 오히려 요나라가 우리 땅을 침범하고 있는데 어찌 거꾸로 우리가 침범했다고 말하는가!"

이토록 강하게 나가니까 소손녕도 더 이상 억지 부리지 못하고 그들이 고려를 쳐들어온 목적을 사실대로 얘기했습니다. 고려와의 수교였죠. 서희는 그것을 이용하여 오히려 압록강 중간을 점령하고 있는 여진족을 쫓아내고 강동 6주도 회복할 수 있었습니다. 이토록 길이길이 빛날 역사적인 일을 만들 기회 앞에서 왜 고려 조정은 마음이 녹아 그 난리를 피웠을까요? 그것은 그들이 오직 한쪽에만 집중하고 있었기 때문입니다. 소손녕과 80만 군대만 집중하고 있어서 딴생각을 할 수 없었던 것입니다. 믿음의 세계에서도 이런 일들은 흔히 일어납니다. 영적, 육적 두 쪽 다 보면 여유만만인데 육적인 것만 보면 안절부절입니다.

이스라엘의 도단성에 엘리사라는 선지자가 살고 있었습니다. 어느 날 아람 왕이 엘리사를 죽이려고 작정했습니다. 왜냐면 아람 왕이 이스라엘을 치려고 할 때마다 엘리사가 미리 이스라엘 왕에게 알려 줘서 실패했기 때문입니다. 아람 왕은 군대장관에게 많은 병거와 중무장한 군대를 밤에 몰래 보내 도단 성을 포위하게 했습니다.

도단 성에 있던 엘리사의 사환이 아침 일찍 일어나 밖을 나갔다가 혼비백산해서 뛰어 들어왔습니다. 그는 숨을 헐떡이며 이제 끝났다는 표정을 지으며 죽었다고 소리쳤습니다. 이미 사환의 눈 속에는 공포가 깊이 스며있었죠. 그런데 엘리사는 얼굴 하나 변하지 않은 채 대답했습니다.

"걱정 마. 우리 쪽이 훨씬 많으니까."

아니 아무것도 안 보이는데 우리가 많다니 무슨 말입니까? 사환이 어리둥절해하고 있을 때 엘리사는 하나님께 사환의 영의 눈을 열어주시라고 기도했습니다. 그러자 사환의 영의 눈이 활짝 열렸고 천사들의 불말과 불병거가 엘리사를 둘러 산에 가득한 것이 보였습니다. 공포 끝, 안심 시작이었죠. 한쪽만 보았을 때는 죽음이었는데 다른 쪽을 보니 생명이었습니다.

명량해전을 치르기 전에 이순신이 장군이 선조에게 보낸 "신에게는 아직 열두 척의 배가 남아 있습니다"라는 장계는 잃어버린 배에서 아직 남아 있는 배로 시선을 옮겼기 때문에 가능했던 것입니다. 서희장군 역시 요나라 군대에 떨지 않은 것도 비슷한 이유였죠. 무섭게 적이 당신 앞을 가로막습니까? 그것에서 눈을 떼로 다른 것에 시선을 옮겨 보세요. 아직 남아 있는 것이 보일 것입니다.

스펙보다 나은 것

미국에서 슈퍼마켓을 갔을 때였습니다. 뒤따라오던 신사 한 분이 마켓 유리문을 잡고 옆에 서 있었습니다. 활짝 열린 문으로 뒤따라 한 미국 할머니가 한 분이 들어왔습니다. 신사와 할머니는 전혀 모르는 사이였죠. 할머니는 열린 문을 느릿느릿 걸으며 활짝 핀 미소로 "땡큐" 했습니다. 순간 문을 잡고 있던 신사는 역시 활짝 웃으며 대답했죠. "That's why I'm here." 그 뜻이야 그저 "별말씀을"이란 정도로 의역해 볼 수 있는 단순한 것이었지만 그 순간만은 영화의 한 장면처럼 근사해 보였습니다. 서로 전혀 알지 못하는 사람들끼리 이처럼 활짝 핀 웃음을 보일 수 있다니요. 배려심은 이처럼 마술 같은 능력이 있습니다.

'교향곡의 아버지'라는 하이든의 별명은 '파파 하이든'이었습니다. 그의 단원들이 붙여준 것입니다. 그의 단원들을 항상 배려하는 마음 때문이었습니다. 하이든은 에스테르하지 후작 밑에서 30년간 음악 활동을 했습니다. 당시 관습대로 그는 단원들과 함께 에스테르하지 후작의 성에 함께 살고 있었죠. 매년 여름이 되면 에스테르하지 후작은 멀리 떨어진 여름 별장에서 두 달 정도를 보내곤 했습니다. 그 기간이 후작에게는 즐거움이었지만 단원들에게는 괴로움이었지요. 단원들은 그동안 가족들과 떨어져 지내야 했으니까요.

1772년의 무더운 여름이었습니다. 후작은 습관대로 여름 별장에 가서 여름을 보냈습니다. 그런데 그해에는 두 달이 훨씬 지났는데도 성으로 돌아갈 생각을 하지 않았습니다. 단원들의 불만은 이만저만이 아니었죠. 하지만 후작은 이 상황을 전혀 눈치채지 못했습니다. 배려심이 많은 하이든은 어떻게 했을까요?

하이든은 두 주 만에 후딱 교향곡 하나를 썼습니다. 〈고별〉 교향곡입니다. 처음에는 모든 단원들이 연주를 하다가 연주 중에 단원들이 하나둘 빠져나가 나중에는 아무도 남지 않게 하는 퍼포먼스가 곁들여진 곳입니다. 후작에게 "때가 되었으니 빨리 돌아갑시다"라는 은연중의 메시지가 담겨 있었죠. 드디어 후작 앞에서 〈고별〉 교향곡이 공연되었고 단원들은 하나둘 퇴장하면 곡을 연주했습니다. 단원들의 연주를 다 보고 나자마자 에스테르하지 후작은 즉시 이렇게 명령했습니다.

"자, 이제 모두 집으로 돌아가자!"

하이든의 재치 있는 배려 때문에 단원들은 지겨운 여름 별장을 탈출할 수 있었죠. 단원들이 하이든을 '아버지 하이든'이라고 부를 만하지 않은가요? 다른 사람을 배려함은 이처럼 기분 좋은 웃음이 있게 합니다.

미국 대통령이었던 버락 오바마는 하버드대학 시절, '하버드 로 리뷰(Harvard Law Review)'의 편집장을 지냈습니다. '하버드 로 리뷰'의 편집장 자리는 100년 넘는 전통의 하버드 법대생들이 가장 선망하는 자리로 대통령에 버금가는 영예의 자리입니다. 하버드 로 리뷰 편집장 출신은 그다음 해에 대법원 판사 연구관이 될 수 있고 대법관 밑에서 직접 수업을 받으며 장차 대법원 판사 대접을 받게 됩니다. 오바마가 하버드 로 리뷰 편집장으로 선출되었을 때 그 소식은 뉴욕타임스에 실렸고, '랜덤하우스'라는 유명출판사에서는 『내 아버지로부터의 꿈』이라는 오바마의 회고록도 출판했습니다. '하버드 로 리뷰' 편집장 자리가 얼마나 대단한지 알 수 있겠죠?

그런데 온통 백인들로 구성된 편집위원들의 선정심사에서 어떻게 흑인 출신 오바마가 편집장으로 선출될 수 있었을까요? '하버드 로 리뷰'의 편집위원은 모두 80명으로 편집장 선출 과정은 미국 장관 청문회보다 까다롭다고 알려져 있는데요. 총 19명이 후보 중에 유일하게 오바마만 흑인이었습니다.

당시 선출과정은 이랬습니다. 후보가 아닌 편집위원 61명은 일요일에 모여 아침부터 밤늦게까지 회의를 했습니다. 편집위원 모두는 원탁에 앉아 각 후보를 한 명 한 명씩 평가하고 탈락 시켜 나갔습니다. 그렇게 해서 최종적으로 남은 후보 두 명이 오바마와 한 백인 학생이었습니다. 편집위원들은 다시 두 사람을 두고 진지한 회의를 시작했고 밤 12시 반이 되어서 한 명이 결정되었습니다. 버락 오바마였습니다. 절대적으로 백인들로 구성된 선출위원들 사이에서 유일한 흑인 후보였던 오바마가 편집장으로 선택된 것입니다. 그날 최종 결정이 오바마로 된 것에 대해 당시 하버드 동기생이었던 마이클 프로맨의 말을 들어보겠습니다.

"학생들 대부분은 진보적이었지만 보수적 세력이 점점 커지고 있었죠. 거의 모든 이슈에서 진보와 보수의 의견은 팽팽했죠. 버락이 이길 수 있었던 건 버락의 배려심 때문이에요. 보수 측에서도 버락이라면 자신들의 주장도 배려해줄 거라고 생각했지요."

최종적인 순간에 두 사람을 갈라놓은 것은 피부 색깔이나 스펙이나 실력이 아니라 단순한'배려심' 하나였습니다. 의외라는 생각이 들지 않습니까? 이렇게 말할 수도 있겠죠. "겨우 그 배려심 때문에 승패가 갈렸다고? 오바마가 편집위원들에게 돈을 들인 것도 아부나 꼼수를 부린 것도 아닌데?" 그렇습니다. 단지 오바마가 평상시에 보여준 배려심이 그 당시 결정적인 승리 요인이었습니다. 결코 무시할만한 것은 아니죠. 예수님은 먼저 섬기라고 말씀하셨습니다. 섬김을 배려로 보아도 무방할 것입니다.

보통 배려심이라고 학교 윤리선생에게나 듣는 말 정도로 치부해 버리지만 배려심이야말로 자신의 숨은 지원군입니다. 오바마의 경우처럼 절대적인 순간에 자신을 올려 줄 수도 있습니다. 배려심과 친하지 않은 사람은 "어떻게 해야 배려를 잘 할 수 있어요?"라고 물어볼 수도 있습니다. 주님은 이에 "네가 대접받고자 하는 대로 하라"고 대답하십니다. 그것도 어려우면 내가 언제 기분 좋았는지, 어떤 대접을 받았을 때 기분 좋았는지를 생각해 보면 됩니다. 그리고 그것을 상대방에게 해주면 되죠. 그것이 배려심입니다. 꼭 어렵지 않습니다.

어떤 경우는 반가운 아침 인사 하나가 하루 종일 기분 좋게도 하고 먼저 건넨 자판기 커피 한잔이 마음을 얻게도 합니다. 배려심의 능력입니다. 누군가와 친해지고 싶으세요. 비호감도 호감으로 급상승시키고 싶으세요? 먼저 배려하면 됩니다. 배려심, 정말 버릴 것이 하나도 없는 매력덩어리입니다. 이런 지원군 하나쯤 키워보는 것이 어때요?

실패의 미덕

아무리 많이 해도 질리지 않는 것이라면 무엇이 있을까요? 각자 다르겠지만 아마 '성공'도 그중에 하나일 것입니다. 세상에 너무나 많이 성공해서 실패해 보고 싶은 사람이 있을까요? 항상 성공만 하는 사람에게 "당신이 한번 꼭 실패해 봤으면 좋겠어요. 실패를 해 봐야 인생을 안다고 하잖아요?"라고 말해 보십시오. 이토록 얄미운 말이 있을까요? 대답 대신 "누구 망하는 꼴 보고 싶어!"라며 멱살 잡히지 않으면 다행일 것입니다. 성공처럼 좋은 것이 없고 실패처럼 하기 싫은 것도 없습니다. 하지만 갈망하는 성공 대신 우리를 자주 방문하는 것은 실패입니다. 이 실패는 어찌나 넉살이 좋은지 와서도 미안하다는 말 한마디 없습니다. 실패한 사람의 가슴을 후벼 파고 절망의 벼랑으로 내어 몰면서도 천연덕스럽게 우리 곁을 떠나지 않습니다. 정말 이놈의 실패는 어디 폐기 처분할 곳이 없나요? 그런데 실패를 미덕으로 생각하는 사람이 있습니다. 너무나 유명한 소설『해리포터』의 작가 J.K 조앤 롤링입니다. 그녀는 미국 하버드대학교 졸업식 축사에서 이렇게 말했습니다.

"저는 대학 졸업 후 7년 동안 엄청난 실패를 겪었습니다. 결혼에 실패했고, 실업자에다 싱글 맘… 〈중략〉 저는 누가 봐도 실패한 사람이었습니다. 그 시기에 저는 정말 힘들었고, 그 긴 터널이 언제 끝날지 알 수도 없었습니다. 〈중략〉 제가 왜 '실패의 미덕'을 강조하는 것일까요? 그것은 실패가 제 삶에서 불필요한 것들을 없애 주었기 때문입니다. 저는 실패를 통해 깨닫고 드디어 스스로를 속이는 것을 그만두었습니다. 제 모든 힘을 가장 중요한 일에 쏟기 시작했습니다. 가장 두려워하던 실패가 현실이 됨으로 오히려 저는 자유로워질 수 있었죠. 실패했지만 저는 여전히 살아 있었고, 사랑하는 딸이 있었고, 아이디어가 있었습니다. 〈중략〉 가장 밑바닥이 제 인생을 다시 세울 수 있는 단단한 기반이 되어 주었던 것이죠."

실패는 조앤 롤링에게 불필요한 것들을 없애 주었고 가장 중요한 것에 힘을 집중하게 했습니다. 그래서 그녀는 실패를 미덕이라고 했습니다. 전에는 실패할까 봐 엄두를 못 냈던 일을 실패를 해 버리니 오히려 그것으로부터 자유하게 되고 하고 싶은 일을 맘껏 할 수 있었던 것입니다. 실패가 없었다면 간당간당하게 살다가 그

럭저럭 끝났을 인생이 철저하게 실패하니 위대한 인생이 되었습니다. 실패 때문에 위대하게 되었다니 얼마나 큰 역설적입니까? 조앤 롤링의 인생에서 실패는 없어서는 안 될 그 어떤 것이었습니다. 실패는 원치 않는 것이지만 그저 미워할 수만은 없는 친구입니다.

춘추 전국시대 제(齊)나라 재상을 지낸 관중 또한 실패의 쓴잔을 거듭 마셨던 사람입니다. 그는 중국 역사에서 명재상으로 이름을 날렸지만 누구보다 실패를 많이 했던 사람입니다. 중국 역사가 사마천이 쓴『사기열전』에서 관중은 자신의 실패 사실을 이렇게 나열했습니다.

"한 번은 내가 포숙을 대신해서 어떤 일을 경영하다가 실패하여 그를 더욱 어렵게 만들었다. 〈중략〉 나는 일찍이 세 번이나 벼슬길에 나갔다가 세 번 다 군주에게 내쫓겼다. 〈중략〉 나는 세 번 싸움에서 나갔다가 세 번 모두 달아났다. 〈중략〉 공자 규가 임금 자리를 놓고 벌인 싸움에서 나는 패했다. 그때 (나와 함께 곁에서 규를 도운) 소홀은 스스로 목숨을 끊었으나 나는 붙잡혀 굴욕스러운 몸이 되었다."

요약해 보면, 관중은 사업에 실패했고, 정계 진출에 실패했고, 전투참가에 실패했고, 마지막으로 왕위쟁탈전에도 실패했습니다. 그의 말대로 하면 왕위쟁탈전에 실패했다면 군주에 대한 정절을 지키며 자결을 선택했어야 했는데 그마저 못하여 비굴한 몸이 되었습니다. 그는 하나같이 가벼운 일들이 아니었는데 성공해 본 적이 없었습니다. 실패의 종합 세트요, 실패의 완결판 같지 않습니까? 그런데 이런 관중은 나중에 제나라의 명재상이 되었고 역사에서 위대한 사람으로 남았습니다. 어떻게 이런 결과가 나왔던 것일까요?

관중은 실패를 실패로 끝내지 않았기 때문입니다. 그는 실패할 때마다 그 실패로부터 자신의 부족한 부분을 보충했고 자신을 완성시켜 나갔죠. 이전에 했던 모든 실패들이 더 이상 실패하지 않는 관중을 만들었고 무엇에든 부족하지 않은 사람으로 만들어갔습니다. 지난 모든 실패 경험들은 그가 재상이 되어 제나라를 이끌어 나갈 때 실제적이고 효과적인 정책들을 펼치게 했습니다. 사업 실패를 통해 경제를 알았고, 전투 실패를 통해 군대를 알았고 정치 실패를 통해 정치를 알았습니다. 게다가 죽어야 할 때 죽지 않아 비굴함을 느껴보았기에 인내와 겸손도 알았죠.

관중은 지난날 실패하며 경험과 지식을 바탕으로 국가를 부강하게 하는 여러 정책들을 생각해 낼 수 있었습니다. 더 이상 실패가 없이 말입니다. 그리하여 제나라는 경제력이나 군사력이나 정치력 등 어느 부분에서도 탄탄하고 빠르게 성장했습니다. 그렇게 십수 년이 지나자 제나라를 다른 나라들이 감히 넘보지 못할 정도가 되었고 그 나라를 두려워하지 않는 나라들이 없었죠. 그 결과 제나라는 제후국 중의 첫 번째 패자 국이 되었습니다.

관중이나 조앤 롤링이 그들의 실패를 왜 자신 있게 말할 수 있었을까요? 엄청난 실패의 경험이 그들을 빛나는 인생으로 만들었음을 확신했기 때문입니다. 실패를 했을 때는 정말로 끔찍했지만 나중에 돌아보니 그 실패로 인해 자신들이 그런 위치에 서게 된 것이었습니다. 그저 체면치레나 허풍이 아니었습니다.

"아, 그러면 실패를 많이 하면 되겠구나!"

과연 그럴까요? 그냥 실패를 많이 하면 저절로 관중이 되고 조앤 롤링이 될까요? 그건 절대 아닙니다. 영국의 극작가이자 노벨 문학상 수상자인 조지 버나드 쇼의 말을 들어 볼까요?

"인간이 현명해지는 것은 단지 경험에 의한 것이 아니라 경험에 대처하는 능력에 따르는 것이다."

조지 버나드의 말을 실패와 연관시켜 보면, 실패가 성공의 밑바탕이 되려면 실패를 통해 현명함을 배워야 합니다. 그 현명함은 실패에 대한 대처능력에서 나옵니다. 이 말은 아무리 실패를 해도 대처능력을 통해 현명해지지 않으면 결코 성공의 반석 위에 서지 못한다는 뜻입니다. 즉 단순한 실패의 반복이 빛나는 인생으로 인도해주지는 않는 것입니다. 마치 무딘 칼날을 갈아주는 숫돌처럼,

풀 수 없는 수수께끼를 풀 수 있게 해주는 힌트처럼 실패를 사용할 줄 알아야 된다는 얘기죠.

머리 좋은 아이와 머리 나쁜 아이의 차이는 무엇인지 아십니까? 똑같이 다리미에 손을 데어도 똑똑한 아이는 그다음에는 절대 안 데는데 머리 나쁜 아이는 계속 만지고 계속 데는 것입니다. 실패도 이와 같습니다. 실패를 해도 현명해지지 못하면 아무리 반복해도 실패를 벗어날 수 없습니다. 이에 대해 발명왕이라는 에디슨도 이렇게 말했습니다.

"나는 99번의 실패를 한 것이 아니라 99번의 안 되는 이유를 발견한 것이다."

안 되는 이유를 발견하는 것이 바로 현명해지는 것이고 대처능력을 기르는 것입니다. 실패의 원인을 찾았다면 또다시 같은 실패는 하지 않을 것이니까요. 관중과 조앤 롤링이 실패를 딛고 성공으로 간 비결이었습니다. 우리에게 찾아오는 실패는 겨울철의 독감처럼 이상할 것이 전혀 없습니다. 중요한 것은 '실패에 어떻게 대처하고 무엇을 배우느냐'죠. 위대한 사람은 실패를 안 한 사람이 아니라 실패에 잘 대처한 사람이라고 합니다. 실패 때문에 움츠러들거나 낙담할 필요는 없습니다. 비록 마음에 들지는 않아도 실패는 우리를 좀 더 현명하게 해 주는 선생입니다. 자꾸 배우다 보면 성공의 길로 가겠지요. 지금 실패 중입니까? 너무 힘듭니까? 괜찮습니다. 현명해지고 있는 중이니까요. 그다음은 성공입니다.

웨어 이즈 슈니첼

가수 김범수의 독일 여행 경험담입니다. 그는 독일의 한 거리에서 '슈니첼'이란 유명한 맛집을 찾고 있었습니다. 지나가는 사람들을 만날 때마다 이렇게 물어봤습니다.

"웨어 이즈 슈니첼?(슈니첼은 어디에 있어요?)"

그다지 어려운 영어도 아닌데 범수의 질문에 독일 사람들은 고개만 갸우뚱거리고 지나갔습니다. 야무진 범수, '슈니첼을 찾고야 말리라'란 각오로 지나는 사람마다 붙잡고 같은 질문을 반복했습니다. 하지만 여전히 사람들은 범수를 힐끗 쳐다보고 지나갈 뿐이었습니다. 범수는 혼자 생각했죠.

"도대체 그렇게 유명한 식당을 왜 모르는 거야?"

그렇게 한참 지났을까요? 드디어 범수의 말을 알아듣겠다는 듯이 독일 사람 하나가 그에게 다가왔습니다. 그리고 범수에게 근처 돈가스집을 가르쳐 주었죠. 알고 보니 '슈니첼'은 식당 이름이 아니라 '독일식 돈가스'였습니다. 그는 이제껏 지나가는 사람들에게 "돈가스는 어디 있어요? 라고 물어본 것입니다. 돈가스가 어디 있느냐고요? 서울 한복판에서 어떤 외국인이 당신에게 와서 "돈가스는 어디 있어요?"라고 물으면 당신은 무어라고 대답하겠습니까? 돈가스? 식당에도 있고 마트에도 있고 우리 집에도 있고 전국 방방곡곡에 널려 있습니다. 너무나 많아서 한참이나 돈가스 랩을 해야 할 판입니다. 황당하죠. 모르니까 그렇게 물어볼 용기가 생깁니다. 사실 이런 종류의 실수는 낯선 나라를 여행하는 사람들에게 흔하게 일어나서 귀엽게 넘어 갈 만한 수준입니다. 그저 한바탕 웃고 넘길 수 있으니까요. 그런데 그 '모른다는 것'이 엄청난 재앙을 가져온다면 어떨까요?

로마군이 밀라초 해상전투에서 1.5배나 많은 카르타고군을 깨부수고 시칠리아로 이동하고 있었습니다. 출항한 함선들이 순항하여 시칠리아 남해안 근처에 왔을 때였습니다. 갑자기 엄청난 태풍이 불어왔죠. 로마군을 태운 230척의 배들은 거친 바람과 물결에 금방이라도 뒤집힐 듯 요동쳤습니다. 로마 군인들은 삽시간에 죽음의 공포에 사로잡혔습니다. 바다를 잘 모른 데다 해상 경험도 거의 없었기 때문입니다. 태풍은 더욱 심해져 갔고 배 안의 군인들은 새파랗게 질려 금방이라도 죽을 듯이 아우성쳤습니다. 이때 누구보다 다급해진 것은 명령권을 쥐고 있던 최고 지휘관이었습니다. 그 또한 바다에는 문외한인지라 어떻게 해야 할지 갈팡질팡하고 있었습니다. 사실 그때라도 자신의 무지를 깨달았으면 그 방면에 베테랑급인 선원들에게 물어봤어야 했죠. 전문가들에게 아무런 조언도 구하지 않은 채 명령했습니다.

"모든 배를 바짝 붙여서 해안으로 접근시켜라!"

휘관의 접안 명령에 배 안에 함께 타고 있던 선원들은 깜짝 놀랐습니다. 오랜 선원 생활을 하여 바다와 항해술에 능한 그들이 볼 때 말도 안 되는 명령이었죠. 시칠리아 남해안은 그 지형이 바위와 돌투성이입니다. 평상시에도 조심하지 않으면 접안하는 중에 배가 부서질 수도 있습니다. 그런데 태풍 가운데 접안하라니요. 그것도 서로의 배를 바짝 붙여서 말입니다. 기름을 끼얹고 불로 뛰어들라는 명령과 다름없었죠. 그것을 아는 경험 많은 선원들은 지휘관의 접안 명령에 강하게 반대했습니다. 그렇지만 그들의 말은 철저하게 무시되었고 공허하기만 했습니다. 누군가 그랬다던가요? 불행은 명령권이 무지한 사람에게 있었다고요.

바다에 무지한 지휘관의 명령에 따라 함선들은 서로 바짝 붙어서 접안하기 시작했고 대혼란이 왔습니다. 선원들이 말한 대로 함선들은 서로 부딪히거나 해안의 바위와 돌들에 부딪혀 깨져 나갔습니다. 시칠리아의 해안은 배들의 부서지는 소리와 거센 바람 소리와 죽어가는 병사들의 비명소리로 처절하기만 했습니다. 결과는 어땠을까요? 무사히 접안한 배는 230척 중에 겨우 80척에 불과했고 6만 명이나 되는 병사들이 죽음을 맞았습니다. 대재앙의 날이었습니다.

이 얼마나 어처구니없는 일입니까? 병사가 적과 전투 중에 죽어도 죽어야지 풍랑에 물에 빠져 죽다니요? 병사들에게 무슨 죄가 있습니까? 지휘자 잘 못 만난 죄 밖에요? 모르면 최소한 겸손부터 배웠어야 했는데 그마저 그들에게는 없었죠. 모른다는 것이 그처럼 심각한 문제를 일으킬 수도 있습니다.

선지자는 호세아는 "우리가 여호와를 힘써 알자"고 외쳤습니다. 예수님은 "내게로 와서 배우라"고 말씀하셨습니다. 바울은 "배우고 확신한 일에 거하라"고 말했습니다. 배우지 않으면 망하고 배우지 않으면 어리석어질 수밖에 없습니다. 무턱대고 열심히 뛴다고 되는 것이 아닙니다. 아무렇게나 뛰면 우승해 놓고도 탈락합니다. 열심히 한다고 해도 애들처럼 일만 저지릅니다. 무엇을 많이 하는 것보다 먼저 아는 것, 이것이 더 중요한 이유입니다.

밥통도 타조도 때를 아는데

날개를 가지고 있어 새라고 불려도 날지 못하는 새가 있습니다. 타조입니다. 날지는 못하지만 달리기는 엄청 빨라 시속 90km까지 뛸 수 있습니다. 동물 중에 빠르기로 이름난 치타가 시속 110km라고 하니 타조가 얼마나 빠른지 알 수 있겠죠. 타조는 기억력에서는 젬병입니다. 알을 낳아도 낳은 자리를 잊어버립니다. 알을 돌보고자 하는 애정이 마구 솟구쳐도 알을 찾을 길이 없습니다. 그러니 그냥 알 낳고 가버리는 것이 상책입니다. 그런데 어떻게 타조의 알은 정상적으로 부화되어 나오는 것일까요?

기억력의 젬병인 타조도 잘하는 것이 하나 있습니다. 알 낳는 때를 아는 것입니다. 타조는 알을 낳을 때 하늘을 올려다봅니다. 하늘의 별자리를 보고 알을 낳을 때를 알아내는 것입니다. 천문학의 고수죠. 타조는 때를 보고 있다가 반드시 더운 계절에 알을 낳습니다. 자기가 잊어버리고 알을 못 품으니까 자연부화를 시켜야 하기 때문입니다. 그래서 타조알은 어미 타조 없이도 따뜻한 기운에 알에서 깨어나서 삐악삐악하며 돌아다니게 됩니다. 타조가 기억력이 없다고 하지만 때는 이처럼 정확히 아니까 멍청하다고도 할 수 없겠네요.

오래전 일이지만, 내가 수원에서 살 때였습니다. 그때는 거실이 없는 방 두 칸짜리 작은 집에서 살았습니다. 거실이 없기 때문에 방문을 열면 곧 주방이었죠. 어느 여름날 어린 두 아이들과 함께 넷이서 잠을 자고 있었습니다. 한밤중에 갑자기 "치익!" 하는 소리가 크게 들렸습니다. 나는 자다가 벌떡 일어났습니다.

"무엇이지? 혹시 도시가스관이 터진 것 아냐? 불을 켜면 전기불꽃으로 뻥 터질지도 모르지? 그러면 우리 식구 다 날아가는데!"

몇 초 안에 이런 생각이 번개처럼 지나갔고 가슴이 콩알만 해져서 살살 문을 열었더니 주방이 하얀 연기로 가득했습니다. 진짜 가스가 터진 것 같았죠. 마음이 조마조마해서 불도 못 켜고 어스름한 빛에서 자세히 살펴보는데 가스가 터진 것이 아니라 밥통에서 김이 빠지는 소리였습니다. "휴!" 하는 한숨과 함께 픽하니 웃음이 나왔습니다.

"아니, 밥통이 밥을 하는데 이런 수선을 피우다니! 근데 도대체 얘는 왜 지금 밥을 하는 거야!"

나중에 알아보니 아내가 그다음 날 아침밥을 예약해 놓았는데 시간 설정이 잘못되어서 한밤중에 밥통이 밥을 하고 있었던 것입니다. 그때 밥통을 바라보며 중얼거렸습니다.

"야, 그래도 밥통이 때는 아는구나."

그렇습니다. 사람이 멍청한 짓 하면 밥통 같다고 했는데, 그것은 밥통에 대한 예의가 아닙니다. "모든 만물에는 때가 있다!" 이것은 동네 목욕탕집 아저씨가 하는 말이 아닙니다. 모든 만물에는 때가 있다고 하나님이 말씀하셨습니다.

"범사에 기한 있고 천하만사가 다 때가 있나니…"(전3:1)

천하 모든 것엔 때가 있고 그 안에 사는 우리에게도 때가 있습니다. 때는 기회입니다. 기회의 때가 지나면 심판의 날이 임합니다. 마치 홀연히 짐승이 덫에 걸리듯 말입니다. 덫에 걸리면 그것으로 끝입니다. 죽음뿐이죠. 우리 역시 때를 알지 못하면 그렇게 될 수 있습니다.

어느 날 문득 TV 다큐멘터리에서 강바닥에 얼어붙어 죽은 물총새를 보았습니다. 물총새는 여름새인데 왜 추운 겨울 얼음 위에서 죽었을까요? 다큐멘터리는 해설자의 이런 말과 함께 시작되었습니다.

"왜 이 물총새는 강바닥에 얼어 죽었을까요?"

그 물총새는 따뜻한 동남아로 돌아갈 때를 놓친 새였습니다. 그러다 여름날 풍성하게 널려 있던 곤충들을 찾아볼 수 없는 겨울을 맞았죠. 안쓰러운 장면은 추운 겨울날 작은 물총새가 배고파서 차디찬 개울 속으로 뛰어 들어가는 것이었습니다. 물고기는 물고 나왔지만 차가운 물로 뒤덮인 물총새는 나뭇가지에 앉아 덜덜 떨고 있었습니다. 그다음 해설자의 말은 더욱 애잔하게 했습니다.

"물총새의 끝은 이미 정해져 있죠. 그렇게 살지만 겨울을 날 수는 없습니다."

그렇게 살다가 여름을 맞이하면 좋겠는데 그렇게 살아도 얼어 죽는 것이 결론입니다. 이미 종말이 정해져 있는데도 당장의 배고픔 때문에 찬물 속으로 뛰어드는 물총새를 보면서 그런 생각이 들었습니다.

"정말, 때를 놓치면 안 되겠구나"

하나님을 떠나 있으면서도, 하나님과 멀어져 가면서도 그저 숨쉬고 따뜻한 밥을 먹고 평안한 침대가 있으면 괜찮은 것일까요? 사실 그게 괜찮은 것이 아닌데 그런 착각 속에 살아가지 않습니까?

하나님께서 참아주심으로 마지막처럼 주시는 기회인데 그것을 항상 있는 것으로 생각하고 살아갑니다. 아니 그렇게 믿고 싶겠죠. 그것을 깨달았다고 해도 "오늘 이것만 하고" 하며 내일로 미루어 버립니다. 과연 오늘이 지나면 내일은 달라질까요? 예수님은 그날이 도둑같이 온다고 하셨습니다. 아직 평온하다고, 아직 때가 안 왔다고 괜찮은 것이 아니죠. 내일에 지구의 종말이 오지 않더라도 개인의 종말은 항상 예약되어 있습니다. 그날이 십 년, 백 년 후도 될 수 있지만 오늘 밤도 될 수 있습니다. 그날이 오면 모든 것이 늦습니다. 기회는 기회이기 때문에 기회입니다. 항상 있는 것이 아닙니다. 지금은 기회의 날이요 은혜의 날이라고 했습니다. 언제 끝날지 모르지만 아직은 돌이킬 수 있는 시간이 주어진 것입니다. 하지만 이 시간도 놓쳐 버리면 구원의 문은 닫혀 버립니다. 그날에는 그토록 좋아하고 의지했던 것들이 아무것도 아무 소용없습니다. 티끌만큼의 도움도 되지 못합니다. 이 기회의 날의 끝은 멀지 않았습니다. 어쩌면 심판의 날이 시퍼런 칼날로 바로 머리 위에서 기다리고 있는지도 모릅니다. 그러니 먼저 겸손하게 무릎부터 꿇는 것이 낫지 않을까요?

갈팡질팡한 죄

홀로 된 개 한 마리가 강가에 살고 있었습니다. 강 양쪽에는 각각 절이 한 채씩 있었는데 개는 끼니때만 되면 양쪽 절에 오가며 밥을 얻어먹었습니다. 어느 날 강 한가운데서 헤엄치며 놀고 있는데 두 절에서 식사 종소리가 들렸습니다. 개는 잠시 어느 쪽 절로 갈지 망설였습니다. 개는 고민 끝에 서쪽 절로 헤엄쳐 갔습니다. 한참을 가던 개는 생각했습니다.

"아냐. 동쪽 절의 밥이 더 맛있어"

개는 몸을 돌려 동쪽으로 헤엄치기 시작했습니다. 한참을 가다가 다시 생각했습니다.

"아냐. 저쪽 절의 반찬이 맛이 있어."

개는 다시 서쪽으로 헤엄치기 시작했습니다. 그러다 다시 맘을 고쳐먹었습니다. 그렇게 강을 오가다가 힘이 빠져 물속으로 꼬르륵하고 빠져 죽고 말았습니다." 그놈의 밥이 뭐라고"하고 싶을 것입니다. 예수님은 그러기에 무엇을 먹을까 염려하지 말라고 했는데… 밥이 아닌 그놈의 갈팡질팡하는 마음 때문에 죽었으니 어리석다고 해야 할까요, 안타깝다고 해야 할까요?

사람도 이런 어리석은 일을 합니다. 엘리야 시대 이스라엘 백성들이 그랬습니다. 그들은 하나님을 믿으면서도 동시에 바알신도 믿고 있었습니다. 꼭 동쪽 집밥도 얻어먹고 서쪽 집밥도 얻어먹은 개꼴이었죠. 그것이 사람의 지혜일까요? 하나만 있으면 또 하나를 더 가지고픈 사람의 탐욕일까요? 전능하신 여호와께서 그들에게 모든 것을 주셨는데 무엇이 아쉬워서 바알 신을 또 필요로 했을까요? 어쩌면 그들 계산에 바알이 그 지방의 풍요의 신이니 더 잘 될 수 있다고 생각했을지도 모릅니다.

불행하게도 그들의 바람과는 달리 하나님은 유일하고 전능하신 하나님이시오 질투하시는 하나님이셨습니다. 다른 신을 동시에 섬기는 것을 절대 용납하지 못하십니다. 그들의 갈팡질팡한 모습을 보고 있을 수만 없었죠. 그 때문에 그들은 하나님께 혹독한 징벌을 받고 있는 중이었습니다. 그럼에도 불구하고 여전히 그들은 하나님과 바알 사이에서 망설이고 있었습니다. 만약 여러분이 강 한가운데서 왔다 갔다 하는 그 개를 발견했다면 어떻게 했겠습니까?

"야, 한쪽을 택해! 그러다 죽는다!"

이렇게 외치지 않았을까요? 그러다 결국 빠져 죽을 것을 알기 때문입니다. 당시 이스라엘 백성들에게도 그렇게 외치고 싶죠? 하나님께서는 선지자를 보내 그의 백성들에게"이쪽이든 저쪽이든 둘 중 하나만 택하라!"고 소리셨습니다. 하지만 그들은 끝내 그 목소리를 듣지 않았고 멸망을 자초했습니다.

오늘 날도 마찬가지입니다. 여전히 하나님과 바알 사이를 오갑니다. 바로 하나님과 돈 사이입니다. 예수님은 하나님과 돈을 함께 섬길 수 없다고 선언하셨습니다. 오늘날의 바알은 돈이라는 신입니다. 하나님만 섬긴다고 하면서 돈이 부르면 돈신에게 쪼르르 달려갑니다. 엄청난 돈신 앞에 신앙도 양심도 없어져 버립니다. 잠깐만이면 된다고 하나님 곁을 떠나는 것도 그다지 고민하지 않습니다. 정말 그렇게 왔다 갔다 해도 될까요?